日本渠道社会主义经济思想在中国早期传播研究（1896—1919）

张晓旭 著

民主与建设出版社
·北京·

图书在版编目（CIP）数据

日本渠道社会主义经济思想在中国早期传播研究：1896－1919 / 张晓旭著. -- 北京：民主与建设出版社，2024. 12. -- ISBN 978-7-5139-4626-1

Ⅰ. F092.7

中国国家版本馆 CIP 数据核字第 2024U9T986 号

日本渠道社会主义经济思想在中国早期传播研究（1896－1919）

RIBEN QUDAO SHEHUI ZHUYI JINGJI SIXIANG ZAI ZHONGGUO ZAOQI CHUANBO YANJIU（1896－1919）

著　　者	张晓旭
责任编辑	宁莲佳
封面设计	周湘花
出版发行	民主与建设出版社有限责任公司
电　　话	（010）59417749　59419778
社　　址	北京市朝阳区宏泰东街远洋万和南区伍号公馆 4 层
邮　　编	100102
印　　刷	北京虎彩文化传播有限公司
版　　次	2024 年 12 月第 1 版
印　　次	2024 年 3 月第 1 次印刷
开　　本	710 毫米 ×1000 毫米　1/16
印　　张	10
字　　数	122 千字
书　　号	ISBN 978-7-5139-4626-1
定　　价	68.00 元

注：如有印、装质量问题，请与出版社联系。

前 言

19 世纪末 20 世纪初是社会主义经济思想在中国早期传播的重要历史时期。在此期间，社会主义经济思想经由不同渠道进入中国，并被国人选择和接受。在这个传播过程中，日本逐渐成为社会主义经济思想在中国早期传播的主要渠道，并成为当时国人接受社会主义经济思想的重要来源。那么，日本何以成为社会主义经济思想早期传播的主渠道，从日本渠道传播的社会主义经济思想主要包括哪些内容、具有哪些特点，由何人经由哪些途径进行选择和传播，产生了哪些影响，具有哪些现实启示，这些问题都是本书需要重点关注和探讨的问题。为深化对这些问题的研究，本书将时间段聚焦于 1896—1919 年，结合思想史、传播学等学科视角，系统梳理和考察日本渠道社会主义经济思想在中国的早期传播情况，以此审视日本渠道社会主义经济思想在中国早期传播的意义与启示。

本书从不同角度分析了日本渠道的社会主义经济思想在中国早期传播的原因，对涉及的重要文献进行了梳理整合。比如，村井知至的《社会主义》、幸德秋水的《广长舌》、福井准造的《近世社会主义》等，这些文献都是日本早期思想家在广泛吸收西方先进思想并与日本实际相结合的基础上形成的。实际上，在这个过程中，已经实现了一次语义转换，显示出翻译和介绍的控制力与影响力，而这次转换也决定着译介内容的完整性和准确性，直接影响到中国早期知识分子对其的选择与传播。

通观日本渠道的社会主义经济思想在中国早期的选择与传播，可以发现，在思想传播初期，译介者并未深究传播的内容是否完整、译文是否准确，他们的选择往往取决于社会历史文化语境、政治诉求以及自身的现实需要；从传播方式来讲，则更多依赖于转译或介绍两种方式。基于此，本书在研究过程中力图通过纵横结合的方式，从文本角度出发，通过版本对比的方式考察重点篇目，挖掘译者的选择与传播方式，对中国早期知识分子选择与传播社会主义经济思想的主要内容进行理论阐释和学理解读，进而剖析日本渠道的社会主义经济思想在中国早期传播的深远影响。

诚然，本书在研究过程中，需要对传播主体、传播环境、传播意图等进行综合考量，这是一项庞大的工作，需要广泛搜集大量一手资料。比如，对社会主义经济思想进行选择与传播的知识分子大都拥有留日经历，他们在留日期间接受了日本各界人士的思想熏陶，接触到不同流派的社会主义经济思想，这就为其社会主义经济思想的形成与转变奠定了基础。再如，本书需要对日本早期思想家的社会主义经济思想进行语境化阐释，这就需要回到历史、回到文本当中，对其中涉及的中文、日文、英文等不同版本的文献加以研究，这也对本书提出了很高的要求。

思想的内涵维度、本质特征、传播范式、理论归宿都需要关注现实、回应现实，需知译介不是简单的文本转换，其本身就是在传播和建构理论。日本渠道的社会主义经济思想在中国的早期传播就是不同语境下思想理论的碰撞、交融和重构，不仅有助于理解早期传播的主要内容和历史进程，同时也为加快中国早期知识分子的思想转变、进一步促进近代中国发展起到了重要作用。

本书是在我硕士学位论文的基础上修改完成的，在这里我要深深地感谢我的导师王刚教授。王刚教授是我人生道路上的引路人，他常教导我们对待学术要心怀敬畏之心、热爱之情，甘坐“冷板凳”，沉下心来，埋头苦干，正是他的悉心教导和潜心钻研的精神带给我无穷的力量。本书在论证完善过程中，王老师给予我无私的指点和建议，坚定了我完成研究的信心。本书的完成也得到了很多师友的帮助，刘果女士为本书的出版作出了很大的努力，在此一并感谢。本书部分内容涉及版本翻译和文本译介问题，限于水平，在文字上难免存在疏漏，有些说法还显得非常稚嫩，部分内容和观点需要作进一步推敲和论证，在这里恳请广大读者批评指正，以便在今后的研究中进一步充实完善。

著者

2024 年 11 月

目 录

绪 论

一、选题缘由

在社会主义经济思想的发展历程中，日本渠道社会主义经济思想在中国的早期传播无疑构成了理论和实践发展的主旋律。深入研究日本渠道社会主义经济思想的内容及中国早期知识分子对社会主义经济思想的选择性传播，特别是在二者的双向互动中把握时代发展需要，对我们坚持和发展中国特色社会主义经济与更好地推进中国特色社会主义政治经济学具有重大的理论意义和实践意义。

当前，学界已有一些学者对源自日本的社会主义经济思想进行了研究，并取得了较为丰硕的理论成果，然而不可否认的是，关于该论域的研究尚且不够充分，需要我们作进一步考察。比如，学界大多倾向于对日本渠道的社会主义思想作笼统式描述，而对这一渠道下的社会主义经济思想在中国的早期传播缺乏专门史研究，并且不少学者还把“马克思主义经济思想”和“社会主义经济思想”进行混同研究;不仅如此，部分学者仅侧重于“大人物”对社会主义经济思想选择性传播的研究，而忽视“小人物”在传播社会主义经济思想中发挥的作用。

因此，以日本渠道为基本考察路径，深入研究社会主义经济思想在中国的早期传播具有重要意义。一是从日本路径出发研究社会主义经济思想在中国的早期传播问题，明晰日本渠道社会主义经济思想的本质内容及中国早期知识分子进行的选择性传播，有助于拓宽社会主义经济思想传播的理论视野。二是从日本路径出发研究社会主义经济思想在中国的早期传播问题，跳出了原有的研究框架，有助于准确把握社会主义经济思想的理论内容，为社会主义经济思想在中国的早期传播研究奠定基础。三是从日本路径出发研究社会主义经济思想在中国的早期传播问题，挖掘日本学者的社会主义经济思想，有利于弥补学界此前研究的不足，为社会主义经济思想问题研究找到新的研究范式。

综上，笔者认为，针对日本渠道的社会主义经济思想在中国早期传播进行系统考察，从经济思想传播的角度审视中国早期知识分子对马克思主义经济学说的理解和对社会主义合理性的初步论证，对于我们更好地理解马克思的经济学说、构建当代中国特色社会主义政治经济学理论体系具有极为重要的价值和现实启示。

二、研究趋势及现状

“社会主义经济思想”被誉为“20世纪两大最新经济学说”之一，在这种美誉下承载的是它丰厚的理论内涵和重要的历史价值。由于中国早期的先进知识分子大都有过留日经历，受到日本社会主义经济思想的冲击，加之特殊环境因素的影响，从而为19世纪末20世纪初的社会主义经济思想迅速传播到中国大地提供了必要条件。考察和梳理日本渠道的社会主义经济思想，有助于我们更好地理解中国早期先进知识分子对社会主义经济思想的选择与传播。

（一）关于日本渠道的社会主义经济思想在中国早期传播的研究时段和范围

根据笔者所搜集的资料来看，目前学术界对日本渠道的社会主义经济思想在中国早期传播的研究时段已然形成了较为统一的认识，以19世纪末20世纪初为阈限，进行研究的主要有陈汉楚、赵晓雷、陈明吾、黄莹、林金忠等学者。这些学者通过对社会主义经济思想的详细考察，对源于日本的社会主义经济思想在中国早期传播的时段与范围进行了界定。

著名学者陈汉楚先生很早就在其著作《社会主义在中国的传播和实践》中指出，19世纪末20世纪初大量留学生东渡日本，吸收引进日本的社会主义经济思想，在此过程中，中国的改良派最早接触到社会主义经济思想，而革命派在进行资产阶级革命宣传的过程中介绍了社会主义经济思想，由此拉开了社会主义经济思想传入中国的大幕[1]。赵晓雷在《中国经济思想史》一书中提到，19世纪末20世纪初，中国开始出现零星的传播马克思主义经济学说的著作，中国的改良派、革命派和无政府主义者是早期的传播者[2]。陈明吾在《资产阶级革命派对马克思主义在中国早期传播的历史作用》一文中进一步指出，早在1901年1月，就出现了专门介绍马克思主义经济学的文章，当时中国的留日学生所创办的《译书汇编》上，就曾刊登过日本思想家有贺长雄的著述《近世政治史》，这是中文报刊上最早介绍社会主义经济思想的文章[3]。黄莹、林金忠通过考察大量的文献资料，认为20世纪初是中国的大变动时期，由于中国社会的迫切需要，中国先进知识分子吸收了源自日本的社会主义经济思想，从而也在这一时期丰富

[1] 陈汉楚．社会主义在中国的传播和实践 [M]. 北京：中国青年出版社，1984.

[2] 赵晓雷．中国经济思想史 [M]. 大连：东北财经大学出版社，2007.

[3] 陈明吾．资产阶级革命派对马克思主义在中国早期传播的历史作用 [J]. 湖北社会科学，2010（8）：8-10.

和发展了马克思主义的社会主义经济思想。可以说，马克思主义经济思想传入中国彻底改变了中国社会状况和中国人民的命运[1]。

由以上研究可以看出，以19世纪末20世纪初为研究时段和范围的相关成果在不同的书籍、文章中都有所涉猎。中国早期的先进知识分子在这一时期吸收借鉴了大量的社会主义经济思想，使得日本渠道的社会主义经济思想开始在中国大地生根发芽。因此，明确日本渠道的社会主义经济思想在中国早期传播的时段和范围，为进行相关研究奠定了牢固的基础。

（二）关于日本渠道的社会主义经济思想在中国早期传播的原因研究

学术界关于日本渠道的社会主义经济思想在中国早期传播原因研究的成果颇丰，如朱俊瑞在《社会主义经济思想在中国的早期传播》一书中，深度刻画了中国近代知识分子的思想期待，并将其作为全书的主题思想，形成了独特的研究视域[2]。王刚在《马克思主义中国化的起源语境研究》一书中认为，日本成为五四运动前马克思主义传入中国主渠道的原因主要集中在政治现状、文化背景等方面，并对此进行了全面、系统的研究[3]。

部分学者在研究中采取纵向罗列式方法，主要集中在以下几个方面。

一是经济环境的影响。持此观点的学者较多。由李稼蓬、庄祖武、裴晓鹏等合著的《中国社会主义经济思想史研究》开宗明义地提出，“社会化生产是社会主义经济思想传播的经济条件”[4]。谈敏在其著作《回溯历史——马克思主义经济学在中国的传播前史（上）》中指出，鸦片战争后中国陷入了前所未有的困境之中，此后又受到甲午中日战争的刺激，为摆

[1] 黄莹，林金忠．马克思主义经济学的发展与借鉴——欧美、日本和中国的经验 [J]. 江苏社会科学，2012（6）：63-68.

[2] 朱俊瑞．社会主义经济思想在中国的早期传播 [M]. 杭州：浙江大学出版社，2010.

[3] 王刚．马克思主义中国化的起源语境研究 [M]. 北京：人民出版社，2011.

[4] 李稼蓬，庄祖武，裴晓鹏．中国社会主义经济思想史研究 [M]. 合肥：安徽人民出版社，2001：6.

脱积贫积弱的落后状况，改变传统的经济条件，中国掀起了留日运动的高潮，这是日本的经济学说传入中国的重要因素[1]。

二是社会环境的影响。毛传清在《马克思主义传入中国的三条渠道之比较》中指出，由于中国社会面貌亟待革新，清政府派遣了大量学生赴日留学,其目的是学习先进的经验以改变中国当时的社会现状[2]。胡为雄在《赴日留学生与“日本马克思主义”在中国的早期传播》中提到当时的中国留日学生，是在国家积贫积弱的情况下，为寻求振兴中华、救国救民的理想而东渡求学的，由于日本学习西方的成功经验，使得日本的经济快速发展，因而他们更多的是学习改变落后经济状况的方法，吸收日本的经济思想[3]。

三是文化环境的影响。近来有不少学者从文化学视角关注社会主义经济思想在中国的早期传播问题，试图明晰文化因素对传播社会主义经济思想的影响。在查阅相关文献资料的基础上，笔者发现，持这一观点的主要学者有王刚、范丹卉和尹德树。王刚在《日本语境下“学理的马克思主义”——兼论对马克思主义中国化的影响》一文中提出，“中日两国地缘接近，文化交流源远流长，日本早期深受中国传统文化的影响，它同中国文化在语境上具有一定的同一性”[4]，这在潜移默化中使两国形成了语言文字、思想文化上的诸多相似之处。尹德树在《文化视域下马克思主义在中国的早期传播与发展》中构建了文化研究逻辑体系，试图从文化维度解析马克思主义的传播问题，深入剖析了文化因素对社会主义经济思想的影响，

[1] 谈敏．回溯历史——马克思主义经济学在中国的传播前史：上 [M]. 上海：上海财经大学出版社，2008.

[2] 毛传清．马克思主义传入中国的三条渠道之比较 [J]. 武汉交通科技大学学报（社会科学版），2000（4）：55-59.

[3] 胡为雄．赴日留学生与“日本马克思主义”在中国的早期传播 [J]. 马克思主义与现实,2015（3）：24-31.

[4] 王刚．日本语境下“学理的马克思主义”——兼论对马克思主义中国化的影响 [J]. 日本研究，2009（1）：66-69.

将文化心理与思维方式贯穿于马克思主义在中国传播的历史过程[1]。

应该说，学者们围绕经济环境、社会环境、文化环境等切入点，从不同角度展开了对日本渠道的社会主义经济思想在中国早期传播的原因研究，丰富了这一领域内的研究成果。从宏观角度来看，他们把握住了早期传播的关键因素，并且都具有一定的代表性；但从微观角度来看，当前进行的研究过于笼统，学者们未从深层次上研究日本渠道的社会主义经济思想在中国传播的历史机缘，特别是在研究过程中并未突出社会主义经济思想从日本而来的专有条件，例如文化条件、个体条件等。虽然有部分学者以论著的形式阐明了自身对社会主义经济思想史的理解，但其对经由日本转道而来的社会主义经济思想在中国早期传播问题仍需进一步研析。

（三）关于日本渠道的社会主义经济思想主要人物和内容的研究

20 世纪初，社会主义经济思想在日本流行一时。从总体上看，社会主义经济思想的主要代表人物与内容是国内外学者关注的重点，虽然学者们的研究旨趣迥异，但却取得了比较丰硕的成果。为清晰呈现国内外学者对日本社会主义经济思想主要人物及内容的研究进展，笔者将国内学者和国外学者的研究分别展开概述。

1. 国内学者对日本社会主义经济思想主要人物和内容的研究进展

国内学者在进行此项研究时，注重从主体角度展开论述，不约而同地将研究重点放在人物及其著作上。通过梳理现有研究成果，笔者发现，研究人物主要集中于河上肇、幸德秋水、片山潜、安部矶雄等人。

左玉河在《简述马克思主义传入中国的渠道》一文中阐释了有关社会主义理论的内容，在查阅大量资料的基础上指出当时翻译的有影响的社会

[1] 尹德树．文化视域下马克思主义在中国的早期传播与发展 [D]．南京：南京师范大学，2013.

主义著作，主要有久松义典的《近世社会主义评论》、福井准造的《近世社会主义》、村井知至的《社会主义》、幸德秋水的《社会主义神髓》、西川光次郎的《社会党》等，这些著作都在不同程度上涉及社会主义经济思想[1]。商德文主编的《马克思主义经济思想史》一书立足河上肇博士的人生经历与求学经历，加以引用其著作《经济学大纲》中的一段话“我最初是从资产阶级经济学入手的，多少年来，追求着一个安身立命之地，一步一步地走近了马克思，最后终于转化到同最初的出发点正好相反的方面。为了完成这种转化，我在京都大学花费了 20 年的岁月”，并在此基础上着重论述了河上肇对马克思主义经济学在日本传播的贡献[2]。赵行大也对此问题进行了研究，他详述了社会主义经济思想在日本经历的艰难过程，指出直到片山潜、幸德秋水、安部矶雄等人又进一步组织了“社会主义研究会”，才开始研究和宣传社会主义；同时，还提到了片山潜的《我的社会主义》（1903 年）、幸德秋水的《社会主义神髓》（1903 年）、堺利彦等的《社会主义纲要》（1907 年）等经典著作，并对其中包括的社会主义经济思想进行了详述[3]。张琳在《马克思主义在中国早期传播过程中的文本问题》中从文本角度分析了日本学者的著述，深入探究了马克思主义传播的文本问题，并提出在日本社会主义经济思想的研究中“当时对中国影响较大的日本学者有幸德秋水和河上肇”[4]。郑红娥在其文章《留日运动与社会主义思潮在中国的传播》中深入分析了日本人对社会主义思潮的认识，同时就幸德秋水、片山潜等人的文章进行了解读，概括出了他们眼中的社会主义经济思

[1] 左玉河．简述马克思主义传入中国的渠道 [J]. 毛泽东思想研究，1991（1）：134-135.

[2] 商德文．马克思主义经济思想史 [M]. 北京：北京大学出版社，1992：27.

[3] 赵行大．马克思主义在日本的传播及其特点 [J]. 日本问题研究，1995（2）：65-71.

[4] 张琳．马克思主义在中国早期传播过程中的文本问题 [J]. 毛泽东邓小平理论研究，2009（5）：71-78+86.

想[1]。应该说，这些论著涵盖了中国学者研究日本社会主义经济思想的深度和广度。

2. 国外学者对日本社会主义经济思想主要人物和内容的研究进展

在现有资料当中，有关国外学者对日本社会主义经济思想主要内容的研究较少，其中具有代表性的当数岩崎允胤、宇野弘藏、泰萨·莫里斯－铃木和日本著名学者石川祯浩等。岩崎允胤在《日本马克思主义哲学史序说》中提到，幸德秋水的《社会主义神髓》（1903年）、片山潜的《我的社会主义》（1903年）对马克思的社会主义经济思想进行了传播，森近运平和堺利彦合著的《社会主义纲要》（1907年）介绍了马克思的经济学思想，山川均对《资本论》第一卷作了详细的解说。宇野弘藏为日本马克思主义经济学理论进行了阶段性划分，认为经济学的发展有其时代意义，要习惯从理论中抽象出经济细节[2]。英国学者泰萨·莫里斯－铃木在《日本经济思想史》中采取“分期”方式展开论述，同时提到日本的经济学者对各种经济问题采用的研究方式不同，这些方式受到日本经济环境、先行的知识传统和经济学者在日本社会所处地位及不同时代所埋下的印记的影响[3]。

从总体上看，国内学者对该问题的研究，侧重于对主体内容的研究，属于微观层面；而国外学者则集中于探讨宏观层面上的日本社会主义经济思想。虽然国内外学者研究的侧重点不同，但是都凸显了日本社会主义经济思想的内容要旨，既拓宽了研究视域，又为研究中国先进知识分子对社会主义经济思想的选择性传播提供了理论依据。

[1] 郑红娥. 留日运动与社会主义思潮在中国的传播[D]. 长沙：湖南师范大学，2001.

[2] 宇野弘藏. 经济原论[M]. 东京：岩波书店，1964.

[3] 泰萨·莫里斯－铃木. 日本经济思想史[M]. 厉江，译. 北京：商务印书馆，2000.

（四）关于日本渠道的社会主义经济思想在中国选择与传播的研究

日本渠道的社会主义经济思想，在中国早期传播的主体呈现出阶级成分复杂、传播目的不同、传播环境迥异等特点。其主要代表阶级有资产阶级革命派以及后来的无政府主义者、具有初步共产主义思想的知识分子群体等。其中，传播力度及影响最大的当数资产阶级革命派和具有初步共产主义思想的知识分子群体。

1. 资产阶级革命派的选择与传播

毛泽东曾说过“讲马克思主义倒还是国民党在先”[1]。田子渝在《略论马克思主义在中国早期传播的三个问题》一文中指出，国民党人士是社会主义经济思想“早期传播”的主干力量[2]。资产阶级革命派为什么要选择并传播社会主义经济思想？陶季邑也对此问题展开了深入探究，他指出：资产阶级革命派传播马克思主义的根本原因在于日本社会革命运动的蓬勃高涨，同时又与民主革命派自身的情况息息相关[3]。王刚认为寻求救亡图存是国内形势所迫，资产阶级革命派也企图为实行三民主义找到依据，并将其作为预防未来中国社会资本主义弊病的武器。资产阶级革命派代表人物大都有过留日经历，潜移默化中深受日本社会主义经济思想的影响。从传播的内容来看，孙中山对马克思的社会主义思想进行了深入研究，戴季陶则深入研究了马克思主义的经济学说[4]。

通过对相关文献的梳理与归纳，笔者发现，大部分学者致力于对关键人物的研究，即“主体研究论”（对各个主体进行系统研究）。比如，以

[1] 中共中央文献研究室. 毛泽东文集：第3卷[M]. 北京：人民出版社，1996：290.

[2] 田子渝. 略论马克思主义在中国早期传播的三个问题[J]. 决策与信息，2016（7）：10–17.

[3] 陶季邑. 民主革命派与马克思主义学说在中国的传播[J]. 暨南学报（哲学社会科学版），1997（3）：69–77.

[4] 王刚. 论资产阶级革命派对马克思主义的选择性传播[J]. 马克思主义与现实，2013（4）：192–198.

陈独秀为研究对象的就有胡惠芳的《陈独秀国家社会主义经济思想成因探微》、高明与王世安的《陈独秀社会主义经济思想探析》、张洪波《陈独秀的社会主义经济思想》、马桂花与王茜的《陈独秀社会主义经济学思想探微》等，这些学者都在不同程度上对陈独秀的社会主义经济思想进行了研究。他们着重论述了陈独秀社会主义经济思想形成的原因、内容及特点，从不同视角勾勒出陈独秀社会主义经济思想的脉络。

除此之外，也有不少学者展开了对社会主义经济思想内容的研究。例如：沈传亮在重点研究资产阶级革命派传播社会主义经济思想内容的基础上，指出戴季陶在关于马克思主义政治经济学的介绍和研究方面最具代表性。在戴季陶论述社会主义经济的过程中，他明确提出生产形态、组成形态、发达程度等可以作为划分经济阶段的依据；但是马克思则科学揭示了人类经济发展的历史进程和客观规律。同时，他界定了资本主义社会经济制度的基本概念，即“以私有财产、工银制度、自由竞争三个条件为基础之集合的产业制”[1]。张文新把资产阶级革命派传播社会主义经济思想划分成三个阶段，在对各个阶段进行研究时，都涉及主要人物及其成果，加以分析形成了独特的研究体系。在谈及朱执信面对贫富不均的现象时，他着重论述了朱执信对资本主义剥削本质的批判，力求实现新的社会经济[2]。

2. 具有初步共产主义思想的知识分子群体的选择与传播

田子渝等认为，具有初步共产主义思想的知识分子群体是早期传播的主力军，这一群体有三个特点：“第一，是传播马克思主义的先锋；第二，均受过良好的教育，具有强烈的爱国意识与宽广的国际视野，不断求新求

[1] 沈传亮．五四时期国民党人与马克思主义传播 [J]. 历史教学，2002（8）：20–26.

[2] 张文新．资产阶级革命派传播社会主义思想的贡献与意义研究（1894—1911）[D]. 南昌：江西师范大学，2014.

变，勇于自我否定；第三，几乎都是传媒中人。”[1] 近年来，学界对具有初步共产主义思想的知识分子群体选择与传播社会主义经济思想的研究进一步拓展，主要表现在研究维度、研究方法、研究内容三个方面。

一是研究维度转换。王刚从“语境”维度出发对这一问题进行了探讨[2]。李军林以传播学为切入点研究分析李大钊对早期传播的贡献，主要研究了李大钊传播的内容、传播的途径以及传播的媒介[3]。薛兆瑞则以马克思主义中国化的历史进程为着眼点，详述了李大钊等人对社会主义经济思想传播的贡献[4]。亦有学者尝试通过中日两国的相通性对传播者进行研究。

二是研究方法创新。早在 1996 年，程伟礼、张生泉、吴小龙就在《先知的足迹——中国早期马克思主义者的心路历程》中运用心态学的方法研究了李大钊、陈独秀、李达等中国早期知识分子群体的思想衍化和文化心理，准确刻画出他们认识、接受和传播日本渠道社会主义经济思想的心路历程[5]。赵春荣、张英在《我国早期马克思主义传播者的思想个性与共性》中对早期马克思主义的传播者李大钊、陈独秀、李达等知识分子进行了比较研究，认为一方面是中国早期先进分子对社会实际的认识存在偏差，加之个人主观因素的影响，促使他们对马克思主义的传播具有鲜明的个性色彩；另一方面，中国早期先进分子的价值追求，使得他们对马克思主义的

[1] 田子渝，蔡丽，徐方平，等．马克思主义在中国初期传播史（1918—1922）[M]. 北京：学习出版社，2012：33.

[2] 王刚．马克思主义中国化的起源语境研究——20 世纪 30 年代前马克思主义在中国的传播及中国化 [M]. 北京：人民出版社，2011.

[3] 李军林．马克思主义在中国的早期传播及其话语体系的初步建构 [M]. 北京：学习出版社，2013.

[4] 薛兆瑞．论马克思主义中国化的历史进程 [J]. 中共太原市委党校学报，2008（5）：49–52.

[5] 程伟礼，张生泉，吴小龙．先知的足迹——中国早期马克思主义者的心路历程 [M]. 郑州：河南人民出版社，1996.

传播具有显著的共性特征[1]。李军林在《从“五W”模式看马克思主义在中国早期传播的特点》中采用传统模式分析方法分析了先进知识分子传播社会主义经济思想的具体内容[2]。王刚在其著作《马克思主义中国化的起源语境研究——20世纪30年代前马克思主义在中国的传播及中国化》中改变传统模式，创造性采用“七W”模式进行研究[3]。

三是研究内容丰富和深化。其一，在研究内容上，学者不再单纯地局限于对某一个传播者的研究，而是注重传播者思想形成的概况和脉络，尤其值得注意的是谈敏所著的《回溯历史——马克思主义经济学在中国的传播前史》，该书不仅在内容上详尽叙述了代表人物的思想，同时也将这一思想的形成过程进行了系统梳理，充实了研究内容。其二，不再拘泥于对李大钊、陈独秀等人的研究，加大了对“二线”人物在中国传播日本渠道的社会主义经济思想的研究力度。

（五）关于日本渠道的社会主义经济思想对中国的影响与启示研究

对此问题进行研究的学者，主要有张剑锋、彭继红、谈敏等。总体来看，这些学者大多对经由这一路径传播的评价比较客观。例如，张剑锋在《略论李大钊的社会主义经济思想》一文中从积极与消极两方面展开论述，指明李大钊的社会主义经济思想对促进人民觉悟和革命进程起过极其重大的作用，他既对马克思主义经济学形成了系统认识、对资本主义生产关系进行剖析划分，又对社会主义生产关系讴歌赞扬。李大钊同志关于社会主义生产关系的设想和论述，反映了20世纪初中国人民反对帝国主义、封

[1] 赵春荣，张英．我国早期马克思主义传播者的思想个性与共性[J]. 中共青岛市委党校　青岛行政学院学报，2000（5）：77−80+93.

[2] 李军林．从“五W”模式看马克思主义在中国早期传播的特点[J]. 湖南师范大学社会科学学报，2007（1）：132−138.

[3] 王刚．马克思主义中国化的起源语境研究——20世纪30年代前马克思主义在中国的传播及中国化[M]. 北京：人民出版社，2011.

建主义，向往社会主义的强烈愿望，给中国人民指明了社会主义的美好前景，鼓舞了人们为争取社会主义胜利而斗争的信心[1]。彭继红认为，在经由日本渠道的传播中，李大钊深受河上肇的影响，此外，河上肇还给当时留日学生以直接影响。中国马克思主义先驱者李达和李汉俊就是师从河上肇的，这对中国传播政治经济学起到了很好的作用[2]。谈敏从积极与消极两方面进行论述，认为马克思经济学说早期传入中国，一方面，经历了曲折的过程而又颇具特点，马克思经济学说的传入，从无到有，由浅入深，受到了不同倾向的人士和派别的关注，并在此基础上构成了中国近代经济思想的重要内容；另一方面，在通过日本渠道进行早期传播的过程中，一直借助其他媒介，尚未形成独立的传播格局，相关评介内容首先集中于社会主义著述领域，其次见于经济学著述领域，同样地，国人尚未将其当作完整的理论体系予以研究[3]。

三、研究对象和范围界定

（一）研究对象

本书研究的对象是日本渠道社会主义经济思想在中国的早期传播。1896—1919年，日本是社会主义经济思想在中国早期传播的主渠道，这一时期，社会主义经济思想经由日本早期思想家的转译评论进入近代中国，并被中国早期先进分子进行了选择性传播，从而对近代中国产生了双重影响。

[1] 张剑锋．略论李大钊的社会主义经济思想[J]．安徽大学学报（哲学社会科学版），1984（4）：25-29.
[2] 彭继红．传播与选择——马克思主义中国化的历程（1899—1921年）[M]．长沙：湖南师范大学出版社，2001.
[3] 谈敏．回溯历史——马克思主义经济学在中国的传播前史[M]．上海：上海财经大学出版社，2008.

（二）范围界定

1. 社会主义经济思想

社会主义经济思想与西方的重商主义、重农主义、古典经济学、庸俗经济学不同，它的主体是马克思主义的社会主义经济学理论，马克思的经济学说被蕴含在社会主义经济思想体系之中。日本在西方经济思想的影响下，率先从经济学的角度引入社会主义理论，并用以解决日本的社会问题。因此，本书所介绍的正是经由日本传播而来的社会主义经济思想。

2. 早期

社会主义经济思想在中国“早期”传播是一个比较宽泛的概念，学界对此认识各不相同。本书所指“早期”传播，主要指 1896—1919 年五四运动前这一历史阶段。具体来看，首先，将其上限设定为 1896 年，在甲午中日战争失败后，一批具有社会救亡意识的知识分子纷纷踏上东渡留学之路，学习日本先进的思想文化。其次，将“早期”传播的下限界定为 1919 年五四运动前，一是因为五四运动前期是社会主义经济思想经由日本渠道传入中国的重要阶段，这一时期中国的先进知识分子从日本汲取了大量社会主义经济思想和学说，在一定程度上促进了中国经济思想史的发展；二是五四运动后，经由苏俄传入了大量的马克思主义思想及学说，与此之前的内容有较大区别，并且二者在传播路径、传播内容、传播主体等方面均有较大差别。因此，本书将“早期”界定为 1896—1919 年五四运动前。

四、研究方法与创新之处

（一）研究的方法

1. “七 W”分析方法

本书采用“七 W”模式来分析日本渠道的社会主义经济思想在中国的

早期传播问题。所谓“七W”模式即回答传播过程中的七个“W”:who(谁传播)、says what(传播什么)、through which channel(通过什么渠道)、to whom(对谁)、with what effect(取得什么效果)、what environment(传播环境)和what aim(传播意图)。

2. 文献研究法

本书的撰写，一方面，要广泛搜集一手资料，主要是涉及早期日本思想家的著述，例如《社会主义神髓》《社会主义》《近世社会主义》等；刊载中国早期知识分子思想的一些报刊，例如《晨报》《新青年》《广东群报》等。另一方面，要认真研读前人的研究成果，力求通过查阅书籍、报刊资料以及相关的电子资源，系统梳理日本渠道的社会主义经济思想在中国的早期传播研究及其影响。

3. 个案研究法

本书从日本渠道的社会主义经济思想这一特定研究对象中选取代表人物，如福井准造、幸德秋水、村井知至等进行研究。幸德秋水是典型的“儒派”社会主义者，他在19世纪末20世纪初的时期内，不仅对社会主义经济思想阐发了代表性观点，而且对近代中国先进分子的选择与传播产生了深远影响。而片山潜虽然是基督教社会主义者，但对社会主义经济思想的发展做出了一定贡献。所以本书试图通过对个别代表人物的思想进行分析，总结得出不同派别社会主义者经济思想的代表性理论观点。

4. 比较研究法

本书在撰写过程中涉及日本思想家关于社会主义经济思想的论述和中国早期先进知识分子选择与传播的内容，其中包含中国不同派别的早期先进知识分子选择与传播的内容。因而需要采用比较研究方法，厘清外在关联性及内在耦合性，明确其中的差异。

（二）研究的创新之处

一是从不同角度研究日本渠道的社会主义经济思想在中国早期传播的机缘。学界对日本渠道的社会主义经济思想在中国早期传播的机缘虽然进行了一定的研究，但囿于历史局限性和复杂性，尚未对该问题进行系统化研究，且研究内容过于泛化。本书拟从文化条件、主体条件等角度出发，探析日本渠道社会主义经济思想在中国早期传播的历史机缘。

二是采用“双向研究”深入探讨早期知识分子传播社会主义经济思想的具体内容。目前，学界对主要内容的研究取得了较为丰硕的成果，众多学者都对单一的个体或派别进行了研究，并已形成对主要人物思想特定的研究范式，但是缺乏对传播群体或传播个体间的纵向梳理和横向比较。本书拟从“纵”“横”两个方向进行研究，深入挖掘传入中国的社会主义经济思想的本质内容。

第一章

日本渠道的社会主义经济思想在中国早期传播的历史机缘

五四运动前，日本不仅是马克思主义在中国传播的主渠道，而且也是社会主义经济思想在中国传播的主渠道，并成为当时国人接受社会主义经济思想的重要来源。日本并不是社会主义经济思想的发源地，但缘何会成为五四运动前社会主义经济思想传入中国的主要渠道呢？究其根本，是中日两国间地缘相近、文化相通，日本拥有学习西学的成功经验，中国早期先进分子相似的留日经历等诸多因素相互作用的结果。本章重点从文化条件和主体条件两方面进行探讨，认为这一方面离不开两国文化上的共通、中国先进分子思想的转变与日本社会主义思潮兴起的深层次积淀；另一方面也与清政府的政策推动、日本朝野的极力鼓吹、青年学子的心理诉求所形成的合力息息相关。只有明晰社会主义经济思想得以传播的历史机缘，才能从源头上把握社会主义经济思想的本质意蕴。

第一节　日本渠道的社会主义经济思想传入中国的文化条件

文化条件的深层次积淀是日本渠道的社会主义经济思想传入中国的先决条件。在这一条件的影响下，带有“日本式”色彩的社会主义经济思想被中国早期先进知识分子容受、译介、传播，不仅实现了思想上的转变，而且推动了新思想的形成。

一、文化相通：中日两国源远的文化交流

中日两国隔海相望、一衣带水，有着近千年的文化交流历史。由于二者在地缘上相近，日本文化深受中国传统文化的影响，属于东方文化范畴。正是因为“它同中国文化在语境上具有一定的同一性，这使两国在语言、文化风格、思想脉络上有着较多相似的地方”[1]。因此，与远渡重洋留学欧美相比，留学日本不仅为中国先进分子提供了时间、空间、经费上的便利，而且也较少会受到语言、文字方面的阻隔。这也是清政府鼓励中国学子赴日留学的重要因素，间接促使日本成为社会主义经济思想在中国早期传播的主渠道。

针对这一传播优势，张之洞早在1898年便作出了如下归纳：“一、路近省费，可多遣；一、去华近，易考察；一、东文近于中文，易通晓；一、西学甚繁，凡西学不切要者，东人已删节而酌改之。中东情势风俗相近，易仿行，事半功倍，无过于此。”[2]此后，他又与时任两江总督刘坤一一同上奏，认为“教法尤以日本为最善，文字较近，课程较速，其盼望学生成就之心至为恳切，传习易，经费省，回华速，较学于欧洲各国者，其经费

[1] 王刚．马克思主义中国化的起源语境研究——20世纪30年代前马克思主义在中国的传播及中国化[M]. 北京：人民出版社，2011：53.

[2] 张之洞．劝学篇[M]. 北京：中华书局，2022：177.

可省三分之二，其学成和往返日期可速一倍”[1]。章宗祥在《日本游学指南》中也言明，向日本学习具有同文、地近、费省的便利，等等[2]。总的来说，留学日本的独特优势主要体现在三个方面：

一是“路近省费”。中日两国地理位置接近，来往较为便利。甲午战争后，日本的航运业逐渐扩张，并延伸到中国内地，搭建起了中日两国来往通商、互通交流的桥梁。当时，中国知识分子通往日本的途径主要依靠中日两国间的来往船只，南方各省学生多从上海出发，前往横滨、神户等地；北方学生则从烟台出发，直达神户，之后便可换乘火车，分别从神户、横滨两地抵达东京。从时间消耗上看，出发地较远者十日左右可以抵达，而较近者仅需五日便可抵达；从资费上看，多者需花费 60 银元左右，少者则只花费 20 银元左右（参见表 1–1）。因此出现了“以当时中国内地交通不便，咸以从上海去日本，无异于去苏州，去杭州，或者去通州”[3]的说法。此外，在饮食起居的花费上，官费生每月能领到 33 银元补助费，其正常开销仅为 24 银元左右，每月还有剩余；而当时的自费生又多出于地主家庭，经费限制因素较小。正如章宗祥所言：“以言费用，则多者二百多，少者百余金已足。”[4]与此相比，留学欧美所支付的费用远超于此。据当时的民族资本家徐润回忆，他的第四子建侯入北洋大学读书 4 年后，1900 年自费赴美，留学 5 年毕业，前后 9 年共计用费近 3 万两[5]。而其第五子徐超侯留英期间，费用就已超过徐建侯一倍。这充分显示出留学欧美费用之昂贵。

[1] 舒新城．近代中国留学史 [M]. 上海：上海中华书局，1927：49.
[2] 章宗祥．日本游学指南 [M]// 黄福庆．清末留日学生．台北：“中央研究院”近代史研究所，1975.
[3] 黄新宪．张之洞与中国近代教育 [M]. 福州：福建教育出版社，1991：85.
[4] 章宗祥．日本游学指南 [M]// 黄福庆．清末留日学生．台北：“中央研究院”近代史研究所，1975：6.
[5] 徐润．徐愚斋自叙年谱 [M]// 王奇生．中国留学生的历史轨迹：1872—1949. 武汉：湖北教育出版社，1992：57.

表 1-1　赴日留学旅途花费（银元）

路线等次	烟台—神户	上海—横滨	上海—神户	神户—东京	横滨—东京
头等	65	54	42	12	0.96
二等	45	33	26	7	0.56
三等	18	12	10	4	0.32
备注	船票	船票	船票	火车票	火车票

数据来源：李喜所．中国留学通史（晚清卷）[M]. 广州：广东教育出版社，2010：227.

二是“东文近于中文”。中国与日本均使用汉字，语言阻隔较小。在梁启超看来，日文具有音少；音皆中之所有，无棘刺扞格之音；文法疏阔；名物象事，多与中土相同；汉文居十六七[1]等诸多特点，学习起来相对容易，因而“学日本语者一年可成”[2]。语言文字上的便利条件，无疑为中国先进分子学习理论知识提供了必要条件。可以说，“同文”之便激起了中国知识分子借助日文，吸收欧美先进文化之精华的热情，也避免了日本当初“采译欧文之万难，前无乡导之盲瞽”的境遇。因此，中国先进分子在“以东文为主”的情态下，广泛涉猎并尝试翻译各类书籍，学习政治、法律、经济、武备等诸多知识，为先进思想的传播开辟了新的路径。

三是“情势风俗相近”。从两国情势上看，清政府在改革过程中，“虽然极力主张摄取西学，但是又唯恐过分摄取西学而影响其政体本身的安危，因清廷以尊君爱国为国策，其希望留学的环境，不但有益于西学的学习，而且又能保持其一贯的体制。欧美固然是西学的发源地，但是其政情毕竟与中国有异”[3]。而日本虽然在明治维新前与中国面临的局势较为相似，但是自明治维新以后，君主立宪制成为日本的国家体制，天皇仍然享有至高无上的权力，并在变法过程中顺应了国内发展潮流，整体趋势较为平稳。

[1] 梁启超．梁启超全集：第 1 册 [M]. 北京：北京出版社，1999：50.

[2] 梁启超．饮冰室合集·文集：第 4 册 [M]. 上海：上海中华书局，1936：81.

[3] 石锦．中国现代化运动与清末留日学生 [M]. 台北：台北出版社，1967：7-8.

日本当时的政情与中国士大夫阶级所标榜的“中学为体,西学为用”相吻合,同时在依附圣道和人伦道德的背景下，明治维新颁布的一系列政策，都满足了中国朝野的心理需要。所以，日本自然而然地成为了国人效仿的对象。从两国风俗习惯上看，具有诸多相似之处。自隋唐时期以来，中日两国文化交流颇为频繁，日本多次派遣使臣到访，渴求学习博大精深的中华文化。晚清时期，中日两国的民间文化交流依然持续不断。在文化交流中，日本吸收了诸多中国传统文化，比如尊崇儒释，在茶道、饮食等风俗习惯方面也与中国颇为相似。由此可见，日本的社会文化深受中国文化的影响，这也使得留日学生能够更好地适应留学生活。

二、思想转变：中国先进知识分子文化观念的转变

中国历来以地大物博和数千年文明古国自居，国人普遍认为儒家文化博大精深，因而常视吸收中国文化的日本为“未开化之番邦”，且不愿接受外来文化的“侵蚀”。这种封闭僵化的思想直接影响了中国的教育格局。晚清时期，中国的教育格局呈现出封闭式状态，中心化、机械化性质较强，真正改变这种教育格局的，则是中国两次战争的失败。这也印证了户水宽人所言:“清人之治国,如居室然,不于其未雨而绸缪之,及其敝坏已达极点,又不毁屋而重构，而维弥补漏，跼蹐以处，疾风骤雨之来，则漂矣。”[1]

鸦片战争的失败，打破了中国“天朝上国”的传统观念。中国被迫放弃了闭关自守的对外政策，首次提出向西方国家学习，中国先进分子也开始关注中国以外的世界，萌生了思想上的第一次转变。在此期间，魏源撰写了第一部论述世界史地的《海国图志》，介绍了世界上多数国家的历史

[1] 张枬，王忍之．辛亥革命前十年间时论选集：第 2 卷 [M]. 北京：生活·读书·新知三联书店，1963：131.

地理概况，却鲜有对日本的描述。此外，第一批睁眼看世界的先进分子，对欧美各国文化都进行了一定程度的了解，并撰写了专门介绍英、美等国的著作，较有代表性的是《英吉利记略》和《合省图说》。但是，专门介绍日本的书籍并未在中国出现，这与当时国人视日本为“以中为师”的弹丸岛国的心态相符。可见，中国先进分子对日本的漠视，甚至于对日本开展的明治维新运动也忽略不计。明治时代，日本学习西方的形式是多样的，明治政府不仅派遣官员到西方国家考察交流、派遣学生出国留学，而且大量延聘外国专家学者赴日进行指导。通过输出与引进两条路径，日本吸收了西方国家的先进知识和技术，社会精英也开始对社会大众进行启蒙教育，使得西方文明快速在日本扩散开来。可以说，“甲午战前无论是亲自去日本考察的官员、学者还是开明的知识分子阶层，对日本的认识和了解仍是停留在日本是中华文明圈的一部分，以高高在上的姿态来俯视这个蕞尔岛国的”[1]，直至甲午战争失败，才再次打破国人残存的传统文化观念，真正开始向日本学习。这是中国先进分子思想史上的第二次转变。

毫无疑问，甲午战败犹如当头棒喝，“中国人一方面不能忍受被一直为己是瞻的日本轻松取胜，一方面又对其如此快速成长壮大感到惊奇。中日同为东方古国，但在面对西方文化渗透时采取了不同的应对方式也造成了不同的结果：日本全盘西化，迅速吸收西方先进思想政治文化得以让自身以短短 30 年时间学会西方列国 200 年达成的状态，跻身世界领先。这种状况促使中国各阶层反思对待其他文化的态度问题”[2]。当然，在国人心中，东洋文化与西洋文化有所不同，他们认为“西洋欧美国家乃富强之源，东洋日本的

[1] 杨柳．清末中国学生留日原因新探 [J]. 西安社会科学，2009，27（4）：183-185.

[2] 黄鸿，李雪平．探析清末赴日留学热潮产生的原因 [J]. 北华大学学报（社会科学版），2013，14（6）：64-67.

强大，是向西方学习的结果，所以，向日本学习，也就是向西方学习”[1]。比如张之洞《劝学篇》中“游学”思想的提出，就在认识层面上代表了中国社会进步的方向，反映出中国学习西方从“西艺”到“西政”的实质性转变。杨深秀也提议向日本学习，认为“日本变法之学却有成效，中华欲游学易成，必自日本始”[2]，极力主张打开国门向日本学习。康有为尤其神往明治维新的成功经验，他在1897年起便先后编撰了《日本书目志》与《日本变政考》,以明其志。在《戊戌奏稿》所收《进呈日本明治变政考序》中，他明确谈及甲午中日战争的冲击引起他对学习日本的兴趣：“乙未议和成，大搜日本群书。臣女同薇，粗通东文，译而集成，阅今三年，乃得见日本变法曲折次第。”[3]此后，康有为又广泛购读日本书籍，才知道日本“政变之勇猛，而成效之已甚著也”。在他看来，日本的地域与人口均不及我国，但是甲午战争的事实证明“国无大小，民无众寡，能修其政则强，不修其政则弱”[4],而“修政”的关键就是学习欧美诸国的新法新政。日本虽为小国，但却学习欧美之法，积极变政，最后“以蕞尔三岛之地，治定功成，豹变龙腾，化为霸国”[5]。因此，他极力主张清政府改变中国数千年之积习，向日本学习“早变法，早派游学，以学诸欧之政治、工艺、文学、知识，早译其书而善其治，是以有今日之强，而胜我也”[6]。上述等人的主张、观点、奏议，典型反映出中国先进分子向日本学习文化观念的转变和引进西方文化的心态，这也成为他们留学日本的思想根据。

[1] 谈敏．回溯历史——马克思主义经济学在中国的传播前史[M]. 上海：上海财经大学出版社，2008：386.

[2] 颜世清．约章成案汇览[M]// 谈敏．回溯历史——马克思主义经济学在中国的传播前史：上．上海：上海财经大学出版社，2008：386.

[3] 王秀文，关捷．中日文化交流研究[M]. 北京：世界知识出版社，2002：215.

[4] 康有为．康有为政论集：上[M]. 北京：中华书局，1981：222.

[5] 陈学恂，田正平．中国近代教育史资料汇编：留学教育[M]. 上海：上海教育出版社，2007：167.

[6] 康有为．康有为政论集：上[M]. 北京：中华书局，1981：302.

三、思潮影响：日本社会主义思潮的兴起

19世纪70年代，西方社会主义思潮首次在日本激荡。作为率先向西方学习的亚洲国家，日本“不经意”中充当了西方先进思想在东亚传播的“桥梁”。当然，日本社会主义思潮的兴起离不开日本早期社会主义者的传播，他们最先吸收了西方社会主义思想，并付诸实践。同样地，他们对社会主义的理解范式也在潜移默化中左右着中国早期先进分子的思维，可以说，中国先进分子对社会主义思想的认识就是对日本有关社会主义思想认识的折射。

1. 西方社会主义思潮的传入与发展

西方社会主义思潮传入日本，最早可追溯至明治初期。在向西方学习的过程中，日本启蒙思想家加藤弘之、西周、福地源一郎、幸德秋水等人担负起了传播新思想、新文化的重任，并抱着不同目的把它传入日本。其中，最早引进西方社会主义思想的就是加藤弘之。他在《真政大意》一书中，首次向国人介绍了社会主义和共产主义两种经济学说，并提出“共产主义和社会主义两种经济学说大同小异，都主张消灭私有财产，将在政府帮助下，解决贫富悬殊的问题，是对社会治安最为有害的制度”[1]。可见，加藤弘之是站在“共产主义”与“社会主义”的对立面，把社会主义思想介绍到日本的。与此相反，被称为“东洋卢梭”的中江兆民则是站在正面角度最先介绍各种社会主义思想的。他于1882年在《政理丛谈》上先后发表《社会党的主义》《社会党论》《近代社会党的沿革》等多篇关于社会主义的译文，对社会主义思想在日本未来的发展，起到了承前

[1]絲屋寿雄. 日本社会主义运动思想史[M]// 杨鹏. 中国近代史学兴起发展中的日本影响因素研究. 北京：中国文史出版社，2013：140.

启后的作用。此后，日本官僚学者西周在《百学连环》中把“社会主义”意译为“会社之说”，着重提及社会主义运动的重要性。在向日本天皇献策时，西周进一步提出“主宰世界者不能不考虑此等事，至如德、俄两国党派盛行之时，则其势很难制驳。其术第一，唯防之于未然，而至于即然，则策之根据者，才能唯加其抵抗力”[1]的观点，表明了道德观念变革与时代变化的双重互动。与此不同的是，福地源一郎在《东京日日新闻》上发表《僻说之害》一文，公开倡导“今日不可实行之社会的主义学说”[2]，大肆攻击社会主义思想。但是，经过这次误导后，“socialism”一词被正式译为“社会主义”，并成为东亚各国的通用词汇。通过以上观点论证不难发现，“早期的日本社会主义思潮是同其他学说一起传入的。当时的知识分子、地主阶级和开明的统治者认识到了社会思潮的巨大作用和意识形态对改造社会的力量，但并没有认真分析各种思潮的不同和缺陷，只是把它们都当作一种工具加以引进”[3]。当然，在日本早期传播社会主义思潮的诸多思想家中，幸德秋水不仅对日本社会主义思想的影响最大，而且也对中国社会主义思潮的产生和传播起到了深远影响。比如他撰写的《社会主义神髓》（下文进行重点论述）一书，围绕“社会主义是什么”的论题探求“神髓”的本意，就引起了中国先进分子的重视，并在中国广泛传播开来。

此外，西方传教士的涌入也对日本社会主义思潮的兴起产生了一定影响。西方传教士进入日本后，便吸引了大批门徒，他们致力于在日本宣传

[1] 麻生义辉．西周哲学著作集 [M]// 柳长铉，金承哲，金正浩．马克思主义与中国国情．延吉：延边大学出版社，1989：187.

[2] 彭明．中国人怎样选择了社会主义道路 [J]. 中国人民大学学报，1991（2）：49–56.

[3] 门晓红．日本早期社会主义思潮对中国共产党的影响 [J]. 马克思主义研究，2011（10）：112–116.

带有宗教性质的社会主义思想。比如美国传教士拉德尼和其门徒小崎弘道，就从反对社会主义、宣扬宗教思想的立场上介绍“社会主义”。1881 年，小崎弘道在《六合杂志》上发表《论近世社会党的原因》一文，尝试性地介绍了社会主义及马克思的生平学说，但也“毫不讳言自己拒绝马克思主义的态度”[1]。作者甚至断言“企图颠覆现存社会体制的社会主义运动成长的原因，是人民群众的不满，而论及人民群众不满的根源，则归之于信仰危机，归之于日本固有的宗教教义的贫乏无力”[2]。从这点上不难发现，传教士的根本目的仍在于宣传宗教思想。但是，他们对西方社会主义思想的介绍与评论是基于对现存统治格局的维护而言的，他们所作的阐释，无疑从另一个侧面肇始了 19 世纪末 20 世纪初日本社会主义思潮的发端。

2. 早期日本社会主义思潮的历史文化特征

一是基督教社会主义者对美国社会主义思想的接受。日本早期先进知识分子传播的社会主义思想来源纷繁复杂，并带有强烈的政治倾向。其中，基督教社会主义者在引进、译介与传播社会主义思想方面占据支配地位，因而使得他们蕴含浓厚基督教色彩的社会主义思想在日本得到了广泛传播。毋庸讳言，他们所传播的正是一种“披着基督教思想外衣”的社会主义思想。在日本基督教社会主义者中，受美国式社会主义思想影响较深的是片山潜与安部矶雄，片山潜在留美期间就广泛阅读了理查德·伊利从基督教立场上讨论“社会主义”的论文，由此激发了研究社会问题的热情[3]；

[1] 李博 . 汉语中的马克思主义术语的起源与作用：从词汇—概念角度看日本和中国对马克思主义的接受 [M]. 赵倩，王草，葛平竹，等译 . 北京：中国社会科学出版社，2003：81.

[2] 门晓红 . 日本早期社会主义思潮对中国共产党的影响 [J]. 马克思主义研究，2011（10）：112–116.

[3] 片山潜留美期间就读于美国麦利维尔大学，该校是一所教会学校，片山潜曾在其自传中写道：“我对社会问题好像有兴趣起来，是从麦利维尔前后开始的。”

安部矶雄在阅读贝拉米《回顾》一书后自感“仿佛盲人重见天日”[1]，由此深谙社会主义的精髓。此外，伊利的《现代法国和德国的社会主义》《社会主义与社会改革》，布利斯的《社会主义手册》，甚至德国经济学家谢夫莱的《社会主义精髓》，也都在不同程度上对日本早期社会主义者产生了深远影响。可以说，“美国的社会主义，特别是美国人对欧洲社会主义理论所作的概括，是此时期日本社会主义者最重要的思想渊源”[2]。海曼·库布林也认为“虽然大陆欧洲的社会哲学的影响是显而易见的，但主要源泉来自美国基督教社会主义”[3]。

二是儒家传统文化对早期社会主义思潮的渗透。日本自古推崇儒家传统文化，从中汲取了充足养分，使得日本文化中蕴含了儒家传统文化的精髓。从本质上看，日本早期的社会主义思想深受儒家传统文化的影响，这直接促使日本早期的社会主义思潮，既保留了西方思想的源泉，又带有浓厚的传统文化色彩。日本早期诸多具有社会主义倾向的思想家都曾受过儒家传统文化的熏陶。比如在中江兆民的思想体系中，就保留了西方民主思想和东方儒家理论的痕迹，他试图通过西方思想解释儒家传统文化中的“义”和“理”，提出“民权乃至理也，自由平等乃大义也”[4]的主要观点；片山潜自幼便接触到了汉学，对“四书五经”也颇为了解，从主观上看，他接受具有改良主义内容的社会主义思想，与他早年接触儒家思想密不可分；幸德秋水曾在汉学家木户明的“修明舍”中学习，精通诸多汉文典籍，

[1] 伯纳尔．一九〇七年以前中国的社会主义思潮 [M]. 丘权政，符致兴，译．福州：福建人民出版社，1985：63.

[2] 伯纳尔．一九〇七年以前中国的社会主义思潮 [M]. 丘权政，符致兴，译．福州：福建人民出版社，1985：66.

[3] KUBLIN H，The Origins of Japanese Socialist Tradition[J].The Journal of Politics，1952，14（2）：257–280.

[4] 伊文成，汤重南，贾玉芹．日本历史人物传（近现代篇）[M]. 哈尔滨：黑龙江人民出版社，1987：246.

此后又师从中江兆民，在其影响下研读了诸多儒家经典，这直接影响他“有德义之民主社会”[1]理想的形成。此外，内村鉴三、堺利彦、河上肇等人，也都或多或少地受到了儒家传统文化的影响。可以说，是因为日本社会主义思潮的“儒学式”解读，才迎合了当时中国先进分子的心理诉求，间接促成了早期知识分子对社会主义思想的接受。

第二节　日本渠道的社会主义经济思想传入中国的主体条件

清政府留学政策的刺激与日本朝野对留学教育重视的双向互动，为社会主义经济思想的传入开辟了“传播通道”。这条“通道”虽然暗含中日两国政府的“政治诉求”，但却为中国学子赴日留学、学习先进思想提供了契机，加之青年学子主观意识的推动，便自然而然地促成了社会主义经济思想从日本向中国的传入。

一、政治推动：清政府留学政策的刺激

1894年后，中华民族遭受过两次创伤，一次是中日甲午战争的失败，一次是八国联军侵华。正是两次灾难的发生，才迫使清政府在严重情势下逐渐走上了“趋新”的道路。诚如梁启超所言：“吾国四千余年大梦之唤醒，实自甲午战败割台湾偿二百兆以后始也。”[2]1898年1月，梁启超在呈给光绪皇帝的《日本变政考》中写道，“吾国甘于弱亡，不愿改制则已，如欲保全，不能不变法，欲变法又恐其错误，则日本为吾之前驱矣。其守旧之政俗与吾同，故更新之法不能舍日本而有异道”[3]，极力主张向日本学习。由于受

[1] 王家骅．日本儒学史论[M]．南京：江苏人民出版社，2019：410.

[2] 梁启超．梁启超全集：第1册[M]．北京：北京出版社，1999：181.

[3] 黄明同，吴熙钊．康有为早期遗稿述评[M]．广州：中山大学出版社，1988：170.

到外力压迫之警醒，同年6月，光绪皇帝在康有为、梁启超等维新志士的支持下进行了一次改革，而此次改革效仿的对象就是强敌日本。正是因为在以日为师、变法维新的政策驱动下，才有了此后优先向日本派遣留学生政策的确立。进入20世纪，清政府被迫实行"新政"，在"风气大开，疆吏以开中西之学为急务，总署亦以遣人出洋学习为要图"[1]的境况下，派遣中国学生留学日本，并颁布了一系列留学政策。

1. 公派留学，诱以官职

1898年，总理衙门制定名为《遴选生徒游学日本事宜片》的留学章程，提出以官费支持学生、鼓励游学的政策，是清政府颁布最早的留日政策。而在1901年前后，清政府通过诏旨和各省都府的号召，积极鼓励青年群体出国留学，并允诺留日生学成归国后将给予一定的官职。1903年10月，在时任湖广总督张之洞与日本驻华公使内田康哉的共同商讨下，清政府相继颁布了《约束游学生章程》《自行酌办立案章程》和《奖励游学毕业生章程》。其中，《奖励游学毕业生章程》的颁布对留日学生的影响较大。章程规定"在普通中学堂五年毕业，得有优等文凭者，给予拔贡出身，分别录用"；"在日本国家大学院五年毕业，得有博士文凭者（在学前后通计十六年），除给以翰林出身外，并予以翰林升阶"；"游学生原有翰林、进士、举人、拔贡出身者，各视所学程度，给予相当官职"[2]。这无疑给青年学子提供了读书升官的契机，更激发了寒门学子为国效力的热忱。1905年7月，清政府对首批留日生唐宝锷、曹汝霖、金邦平等13人进行了留日毕业生考试，上述人等全部获得了进士、举人出身，并被授以相应官职。此

[1] 梁启超．日本横滨中国大同学校缘起[M]// 李喜所．近代留学生与中外文化．天津：天津教育出版社，2006：139.

[2] 吴剑杰．张之洞散论[M]．武汉：湖北人民出版社，2017：165-166.

后，清政府又颁布了《考验游学毕业生章程》，不仅给留日学生提供了“宦达之路、利禄之路、学问之路、名誉之路”[1]，而且在一定程度上推动了留日热潮的形成。

表 1–2 1896—1912 年留日中国学生人数统计（人）

年份	李喜所的统计①	实藤惠秀的统计②	小岛淑男的统计③	李兴华、陈祖怀的统计④
1896	13	13	13	—
1897	—	9	—	—
1898	61	18	61	77
1899	—	207	—	143
1900	161	—	—	159
1901	274	280	274	272
1902	570 多	500	608	727
1903	1300 左右	1000	1300	1242
1904	2400 多	1300	2400	2557
1905	8000 多	8000	8000	8000 余
1906	12000 ～ 13000	8000	12000	7283
1907	10000 左右	7000	10000	6797
1908	—	4000	5500	5216
1909	3000	4000	5200	5266
1910	—	—	4000	3979
1911	—	—	3200	3328
1912	1400	1400	—	—

数据来源：①李喜所．清末留日学生人数小考 [J]. 文史哲，1982（3）：3；②实藤惠秀．中国人留学日本史 [M]. 谭汝谦，林启彦，译．北京：生活·读书·新知三联书店，1983：41–52；③小岛淑男．留日学生与辛亥革命 [M]. 东京：青木书店，1989：13；④李兴华，陈祖怀．留学教育与近代中国 [J]. 史林，1996（3）：12。

根据表 1–2 统计数据，可以看出，中国学生赴日留学与清政府颁布的留学政策密切相关：清政府于 1903 年前后颁布的奖励游学政策推动了第

[1] 引自《劝同乡父老遣子弟航洋游学书》，《游学译编》1903 年 4 月第 6 期。

一个留学高涨期的形成，第二个高涨期是1905年前后，该时期清政府不仅对留日生进行了毕业生考试，而且颁布了考验留学生政策。在两个高涨期的作用下，直接促成1906年中国学生赴日留学顶峰时期的形成。可以说，自1896年首批官派生留学伊始，到1911年“第一期”留学教育结束，清政府向日派遣学生四万余人。当时的情况是：“学子互相约集，一声‘向右转’，齐步辞别国内学堂，买舟东去，不远千里。北自天津，南自上海，如潮涌来。每遇赴日便船，必制先机抢搭，船船满座。中国留学生东渡心情既急……务求早日抵达东京，此乃热中留学之实情也。”[1]

由此观之，“出洋一年胜于读西书五年”的留学理念正逐渐在国人心中占据一席之地，而留日人数的激增也与清政府留学政策的刺激密不可分。但是，留日学生群体的价值取向在此过程中出现了偏移，他们不再拘泥于清政府的制度设计,并且日渐超出日本政府的可控制力。因此,1905年11月，日本文部省借口中国留学生良莠不齐，颁布了《关于准许清国人入学之公私立学校之规程》，限制中国人赴日留学，一时间激起了中国留学生的强烈反抗，悉数在读生纷纷辍学归国。与此同时，清政府发现留日学生反清情绪高涨，极易动摇清政府的统治，并以多数留日生“以无人稽查之故，所入之校视如传舍;认定学科，意为迁移;甚或但往应考，而平日潜行回国，借抄讲义,而本人并不上堂”[2]等缘由,把鼓励留学政策变为限制留学政策，造成1906年后留学生人数逐渐减少的现象。

2. 提倡自费，予以便利

除选派官费留学生赴日学习外，清政府还大力提倡和支持自费留学。

[1] 实藤惠秀．中国人留学日本史[M]．谭汝谦，林启彦，译．北京：生活·读书·新知三联书店，1983：37.

[2] 引自《学部官报》第八期，即学部在光绪三十二年十月拟定管理日本游学章程中的部分内容。

最早提出可实行自费留学政策的是章京霍翔，他认为可“令有财力之文武各大员及各省富商，各选聪颖子弟，自备资斧报名”[1]。此法得到了清廷许可，在同年举行的招考中便明确规定“其有殷实之家，情愿自备资斧随同学习，准其呈明，饬令派往委员，一体照料”。[2] 此外，清政府还放松了对自费留学的限制，不再限制自费留学生的年龄与家境状况，但要求其“心术端正”“文理明通”，并规定申请者只需登记本人住址且无行为过错，便可申请自费留学，其他事宜清政府将予以便利。为鼓励自费留学，光绪皇帝特在 1901 年对各省都府的谕旨中明示“如有自备旅资出洋游学者，着各该省督抚咨明该出使大臣随时照料。如果学成得有优等凭照回华，准照派出学生一体考验奖励，候旨分别赏给进士、举人各项出身，以备任用，而资鼓舞”。[3] 此道谕旨激发了各省青年的留学热情。据统计，仅 1901 年各省派出的自费生人数就占到了当年全体留学生人数的 40％～50％，其中江苏、浙江、广东、安徽、福建等地的自费生人数均超过官费留学人数，具体情况如表 1–3。

表 1–3　1901 年各省留日学生官资、自资统计[4]

省别	总人数（人）	官资者（人）	自资者（人）	自资者占比（%）
湖北	47	36	11	23.4
江苏	44	16	28	63.6
浙江	39	18	21	53.8
广东	23	10	13	56.5
湖南	19	10	9	47.4

[1] 国家档案局明清档案馆．戊戌变法档案史料 [M]. 北京：中华书局，1958：295.

[2] 王有立．中华文史丛书：第 4 辑 [M]// 李喜所．中国留学通史（晚清卷）．广州：广东教育出版社，2010：233.

[3] 引自《光绪朝东华录》第 169 卷。详见璩鑫圭，唐良炎．中国近代教育史资料汇编：学制演变 [M]. 上海：上海教育出版社，1991：6.

[4] 本表数据来源于《光绪壬寅政艺丛书》（上篇一）第 5 卷刊载的《日本留学生调查录》。详见陈学恂，田正平．中国近代教育史资料汇编：留学教育 [M]. 上海：上海教育出版社，2007：388–389.

（续表）

省别	总人数（人）	官资者（人）	自资者（人）	自资者占比（%）
直隶	17	11	6	35.3
安徽	15	7	8	53.3
福建	12	4	8	66.7
四川	11	9	2	18.2
江西	4	3	1	25
贵州	2	2	0	0
山东	1	0	1	100
陕西	1	0	1	100
广西	1	1	0	0
奉天	2	1	1	50
宗室	2	2	0	0
满洲	14	14	0	0
驻防	4	4	0	0
汉军	7	7	0	0
蒙古	4	4	0	0
总计	269	159	110	40.9

到1902年，则出现了“东京现时留学生数百人中，官费者仅强半耳，余则皆自备资斧”[1]的盛况。至1903年，张之洞奏定《自行酌办立案章程》七款，明确规定，各省自备资斧的留学生，可以通过父亲或兄弟报名，在参与省学务举办的考试后，便可东渡留学；对于生活困难、需要帮助者，可给予一定资助。当然，如习得清政府急需的学科和专业，也可申请从自费留学转为官费留学，所有费用由清政府统一划拨。在清政府一系列自费政策的推动下，自备资斧赴日留学的人数逐年增加，一时间形成了浩浩荡荡的留学队伍。

此外，清政府还为留学生提供了经费补助，按三个等级进行划拨：以

[1] 梁启超．饮冰室文集类编：上 [M]. 东京：帝国印刷株式会社，1904：728.

在官立大学校肄业者为第一等，每人每年学费日金五百元；以在官立高等专门学校肄业或在官立大学只习选科者为第二等，每人每年日金四百五十元；以在私立高等以上学校或习普通学科者为第三等，每人每年日金四百元[1]。这也在一定层面上为留学生的学习和生活提供了基本保障。

“清国留日学生”群体在特殊历史时期的出现，是多方面因素综合作用的结果，这一群体的出现、扩张、消亡，无疑在不同程度上受到了国家政治、经济、文化的影响。但是最直接有效的还是国家政策的影响。通过清政府一系列政策的颁布，可以明显看出留日群体人数抛物线式地上涨与下跌。但从根本而言，正是由于清政府留学政策的刺激，才使得留日热潮得以形成，从而为日本的社会主义经济思想传入中国提供了根本条件。

二、“特殊关怀”：日本朝野人士对留日学生教育的重视

从日本方面来看，日本政府极力鼓动中国学生赴日学习并建立配套的接收体系，有两方面原因：一方面是日本急需破除俄国阻挡其扩大势力范围的障碍；另一方面则源于日本朝野对留日学生教育的重视。多数日本人士认为：“与其把恩义施加于奄奄一息的清朝，还不如给予希图变革现状的年轻的力量，从而保证日本未来的利益。”[2]因此，鼓动中国学生赴日学习，不仅是其借机培植亲日势力以攫取在华利益的主要途径，而且能够满足与欧美国家争夺中国教育权的现实需要，同时也可在此过程中赚取巨额外汇，以减轻日本的税务负担。这种“特殊关怀”虽从表面上隐藏了日本政府的真实用意，但却与清政府的内在政治需要相耦合。就日本政府特殊的政治

[1] 陈青之. 中国教育史：下 [M]. 长沙：岳麓书社，2010：600.
[2] 藤家礼之助. 日中交流二千年 [M]. 张俊彦，卞立强，译. 北京：北京大学出版社，1982：198.

意涵出发，包括以下四类意图和打算。

1. 拉拢中国，遏制俄国势力扩张

甲午战争后，根据中日《马关条约》的规定，中国应把辽东半岛割让给日本，但由于沙俄觊觎中国东北已久，此举又严重损害了沙俄的利益，于是便出现俄、法、德三国“干涉还辽”的事件。面对俄、法、德三国的干涉，日本政府原本寄予联合美、英、意三国共同进行牵制，却遭到了上述国家的变相拒绝，日本政府不得不放弃对辽东半岛的占有。与此同时，俄国加紧对朝鲜扩张，并且强租大连和旅顺港，使得俄日矛盾进一步加深。在此背景下，日本政府逐渐意识到中国学生是其可以利用的重要资源，如果日本政府给中国学生提供充足的教育资源，那便可以达到拉拢清政府联合抗俄的目的，而且能够缓和中日之间的对立。从本质上看，这是日本重视中国留学生教育的最初意图。

2. 培植亲日势力，以攫取在华利益

作为极力主张培养中国留学生的主要人物之一，日本驻华公使矢野文雄在此过程中起到了重要作用。1898 年初，矢野文雄就曾致信总理衙门，声称“本国（日本）政府拟与中国倍敦友谊，藉悉中国需才孔亟，倘选派学生出洋习业，该国自应支其经费”[1]，但却规定学生人数“应以二百人左右为宜”。在此种优厚条件的背后，隐藏着日本政府的真实目的，这一点从同年 5 月，矢野文雄给外务大臣西德二郎的函件中便可看出。信中，矢野文雄强调：“如果将在日本受感化的中国新人才散布于古老帝国，是为日后树立日本势力于东亚大陆的最佳策略……果真如此，不仅中国官民信

[1] 引自《约章成案汇览・游学门》所收《光绪二十四年总理衙门复议遴选生徒游学日本事宜折》。详见舒新城. 近代中国留学史 [M]. 上海：上海书店出版社，2011：23-24.

赖日本之情，将较往昔增加二十倍，且可无限量地扩张势力于大陆。”[1]此后，便出现了日本朝野人士纷纷赴华游说的盛况：日本参谋本部福岛安正和宇都宫太郎多次走访张之洞、刘坤一等人，试图说服他们派遣中国学生留学日本；贵族院议长近卫笃麿也多次致函清政府，希望中国遵循日本的教育制度；清浦奎吾、大鸟奎介等人亦多次到访，陈说留学日本的诸多益处。这也是日本政府接收中国留学生的根本目的。

3. 与欧美争夺中国教育权的现实需要

早在16世纪初期，便有欧美商人、外交官、传教士等先后抵达中国，经商、交流与普及西洋文化。其中，西洋传教士不仅试图用汉文介绍西洋知识，而且成立了各种学会以传播西洋文化。诚然，当时的古老中国并未理睬，但自近代以来，欧美列强依靠坚船利炮，迫使旧中国打开国门，同意其在中国传教、经商、游历，并且取得了一定的成果。西洋各国虽是文明先导，但作为后起之秀的日本却并不希望中国的教育被西方垄断。日本教育界人士中岛裁之认为，若日本人担心新式教育事业会促成中国强大，因而对日本不利，而不承当教育责任的话，其空缺将马上由德、美、法、英等国人士所填补[2]。此外，在日本逐渐吸收中国留学生之时，西洋人却在蒙古等地开办了学校[3]，西洋教员不仅深谙汉语，而且充分了解当地的风土人情。对此，青柳笃恒疾呼：“多培养一名中国青年，即为日本势力向大陆扩张一步。”[4]正是因为日本与欧美争夺中国教育权的现实需要，才从侧

[1] 河村一夫．驻清时代的矢野龙溪氏[M]// 田正平．中国教育史研究（近代分卷）．上海：华东师范大学出版社，2001：149.

[2] 中岛裁之．东文学社纪要[M]. 北京：东文学社，1908：180.

[3]《太阳》第9卷第1号（1903年1月）的“时事评论”栏上有《清韩の教育と日本宗教家》一文，说：“闻蒙古内地，沙漠之间，法、美等国的传教士，次第兴建学校。又闻美国人拉尔逊能用流畅的蒙古语演说。被中国人视为‘恶魔’的人，居然这样热心于教育事业。”

[4] 引自青柳笃恒《支那人教育と日米独间の国际的竞争》，《外交时报》明治41年1月第122号。

面推动了留日运动高潮迭起，也反映出日本人士的真实想法。

4. 希冀赚取巨额外汇，增加经济收益

为扩大日本国立学校的接收名额，清政府与日本文部省进行了交流，并作出如下约定：其一，东京高等师范学校每年需接收 25 名中国学生，中方向学校提供每年约 1980 日元 / 人的补助费；其二，由日本第一高等学校接收 50 人，清政府每年向其提供 8768 日元 / 人补助费；其三，由东京高等工业学校接收 40 人，清政府每年提供约 8000 日元 / 人补助费，同时保证每人再另缴 50 日元学费；其四，山口高等商业学校需接收 25 人，清政府提供每年大约 7000 日元 / 人补助费。以上虽是针对四所专门学校的资费要求，但仅从上述约定的支付费用，就能看出中国留学生在日本的所有消费，对日本而言，实际上是一笔巨大的资金来源。然而，日本部分学校并不重视对中国学生的教育和管理，它们开办的目的，在于赚取高额学费，以增加经济收益。然而，"取缔规则"[1] 的颁布引起了中国留日学生的不满，国会议员中村卷治对此十分担忧，他表示：如果因"取缔规则"的颁布而引起中国学生集体罢课归国，那么日本每年将失去近 500 万日元的收益。由此，日本政府接收中国留学生潜在的经济动因可见一斑。

除上述所列四种主要动因外，日本其他各界人士也起到了推波助澜的作用。其中，尤以日本教育界人士的影响最大。与朝野人士的意图相反，日本教育界人士的举动则更为真实、有效。1898 年 6 月，高楠顺次郎在东京成立日华学堂，"专门教育清国学生……并修普通各科，从而养成修习专门学科之学力"[2]，以求中国学生早日学习各科知识。1902 年，嘉纳治

[1] "取缔规则"，即 1905 年 11 月 2 日，日本文部省颁布的《关于准许清国人入学之公私立学校之规程》，共十五条，对清朝留日学生活动进行限制。

[2] 实藤惠秀. 中国人留学日本史 [M]. 谭汝谦，林启彦，译. 北京：生活·读书·新知三联书店，1983：44.

五郎在东京创办宏（弘）文学院，除设置本科课程外，还增加了多个速成科，并且随时删减课程，以适应中国学生的具体情况。时任日本文部省专门学务局局长兼东京大学教授上田万年认为："吾人须视中国留学生之教育问题为我国教育界之一大问题……不论是在中国独立事业上或中日提携合作上，这一群留学生都是一大力量，与我国派往欧美法为学术研究之留学生有所不同，故吾人必须予以特殊保护及奖掖。彼等留学吾国，窘乏颇多，故不论外务省或文部省，宜具列理由谋之于国会，务以我帝国全国之力，谋求协助彼等获得成功之门径。"[1] 截至1906年，日本共开办日华学堂（1898年）、成城学校（1898年）、宏（弘）文学院（1902年）、同文书院（1902年）、振武学校（1903年）、东斌学堂（1903年）、经纬学堂（1904年）等7个学堂，并专门开设早稻田大学政治理财科、商科、法政速成科等学科，培养专业人才。从这点来看，日本教育界不遗余力地支持中国留学生，虽然为中国培养了各式人才，但是，也有部分中国人士认为："中国效法日本，至善之事，莫如振兴教育，既派学生前往日本入大学校及教授专门之学校肄业，又派专家详察教育事宜，北京直隶各学堂，均有日本名人为之教授新学，湖广、四川、两广总督亦礼延日本人士襄助学务，日后中国教育之权，恐为日本所占。"[2] 此语从侧面反映出日本教育界人士重视留日生教育的原因所在。

毫无疑问，日本朝野人士与教育界人士之所以关注中国留日学生的动向，其企图在于把中国学生作为日本对华外交的媒介，以助其实现对华侵略的长远目标。这种文化输出的途径，使得日本政府功利、狭隘、保守的

[1] 实藤惠秀．中国人留学日本史 [M]. 谭汝谦，林启彦，译．北京：生活·读书·新知三联书店，1983：25.

[2] 谢忠宇．战前中国留日学生与日本的矛盾冲突考略 [J]. 日本学论坛，2004（3）：38-43.

教育心态暴露无遗，一则为索取在华利益的实现，一则为拓展在华长远利益，并非真正为中国培养可用之才。这正是日本通过文化入侵战略侵蚀中国的主要手段。

三、社会基础：青年学子民族危亡感的强烈震荡

在漫长的历史发展进程中，日本以中为师，积极学习中国文化以推动日本社会发展。可以说，中国文化就是日本文化得以衍生的本源。然而甲午战败，带给中国人民以沉重打击，“天朝上国”被“蕞尔穷岛”一击即败，原来的东夷小国成为亚洲第一强国。这充分暴露出清政府的腐朽无能以及中国文化的逐渐式微，也让无数国人感受到沉重的民族灾难。面对甲午战败，中国青年学子萌发出救亡意识，民族震荡感愈发强烈，他们自主进行对明治维新与戊戌变法的殊异甄析，并负笈游学、取经日本，寻求救国救民的真理之势如狂潮翻卷，蔚为壮观。

1. 中国青年学子留学日本的自觉选择

作为挽救民族危亡、振兴中华的重要力量，中国青年学子怀抱“远涉重洋，入彼学府，采其精英，保我国土”[1]的宗旨，纷纷开启东渡之路，学习日本的先进经验，以挽中国之颓势。当时的留日学生在《浙江潮》《游学译编》《留学生鉴》等刊物先后发表了多篇文章，简明扼要地说明了他们的留学动机。在1903年出版的第7期《浙江潮》上，留日学生撰文指出“今中国老旧朽腐，至于斯极，将欲新之，断非一手一足所能为力，其不能不有多数之青年子弟出洋留学明”[2]，充分阐明了留学日本的必要之处。在留日学生自己编撰的《留学生鉴》上，能清晰看出他们的留学动机：“吾人

[1] 李喜所. 中国留学史论稿[M]. 北京：中华书局，2007：254.

[2] 引自《浙江潮》1903年第7期。

不远万里，乘长风，破巨浪，离家去国，易苦以甘，津津然来留学于日本者，果何为也哉？留学者数千人，问其志，莫不曰：‘朝政之不振也，学问之不修也，社会之腐败也，土地之日狭也，强邻之日薄也，吾之所大惧也。吾宁牺牲目前之逸乐，兢兢业业，以求将来永远无暨之幸福，此则吾之所大愿也。’”[1]湖南留学生则专门创办了《游学译编》，积极鼓动家乡青年赴日留学，他们在其中直抒胸臆，坦言道："自今日观之，中国之种祸固如何巨如何急乎？且中国有何种学问适用于目前，而能救我四万万同胞急切之大祸也？……惟游学外洋者，为今日救吾国唯一之方针。"[2]此外，陈独秀、吴玉章、李书城、周作人、秋瑾等人也在当时庞大的留学生队伍当中。作为较早赴日留学的中国学生，陈独秀先后五次赴日，学习日本的先进知识与文化，传播社会主义思想。而据吴玉章回忆，他当时的留学心情就"好像唐僧取经一样，怀着圣洁而严肃的心情，静悄悄地离开故乡，挂帆而去"[3]，并提倡中国应该向日本学习，借鉴明治维新的成功经验。李书城于1902年、1904年"抱爱国、爱同胞之志"两度赴日，入日本陆军士官学校学习武备知识。在他看来，日本在政治、法律、工商业、教育等领域开办的专门学校，实为"学问、竞争之大市场也"[4]。周作人在1906年赴日学习之时曾谈及留学日本的原因，只"因为它维新成功，速成地学会了西方文明"[5]。作为留学女青年的杰出代表，秋瑾变卖首饰，于1904年毅然决然地踏上了留学之路。留学期间，她努力学习日本的先进知识，积极参与各类政治活动，并且创办了《白话报》，极力鼓吹通过革命方式推翻清政府。

---

[1] 引自《留学生鉴》第13页。

[2] 引自《劝同乡父老遣子弟航洋游学书》，《游学译编》1903年4月第6期。

[3] 吴玉章．辛亥革命回忆录[M]．北京：中国青年出版社，1978：17.

[4] 武汉大学历史系中国近代史教研室．辛亥革命在湖北史料选辑[M]．武汉：湖北人民出版社，1981：519.

[5] 周作人．知堂回想录：上[M]．石家庄：河北教育出版社，2002：206.

不得不说，与洋务运动时期走出国门的中国学生相比，19 世纪末 20 世纪初的中国青年学子在甲午战败和丧权辱国的强烈震动下所选择的东渡之路，符合当时的社会心理与实际需要，深刻反映出自甲午战争以来中华民族认识之亟变。

2. 中国青年学子留学日本的研习科目多样

当时大多数留日学生希冀“以留学所得贡献母国，以为海外文明之渡舟焉”[1]。在这种爱国之情的充斥下，留日学生如饥似渴地吸收新知识，接触各类学说。他们的研习科目多偏重文科，文科中又“以政学为主义”，正如梁启超所说，留日学生“所学者，政治也，法律也，经济也，武备也，此其最著者也”[2]。从本质上看，留日学生研习法政专业，是为了适应清政府政治体制改革的需要，以便加快改革速度，破除封建体制的障碍。以 1907 年在东京帝国大学学习的 35 名学生的专业分配来看，习法科者 18 名，习农科者 10 名，习文科者 3 名，习理科者 2 名，习工科与医科者各 1 名。总计习人文、社会科学者 21 名，占 60 %[3]。笔者又分别对 1905 年与 1906 年中国留学生的研习科目进行了梳理，发现研习文科者占据留日学生总数的 60 % 左右，足以见得当时中国留学生的关注重点所在。除学习法政专业外，热衷于研习军事专业的学生也占据了一定比重。中国学生研习军事的主要目的在于利用所学，提高中国的军事实力，以应对列强对中国的侵略；同时，他们对师范、工商业、农业、建筑业等多个领域都有所涉猎，并取得了一定的成绩。从留日学生研习科目的广度和深度上便能看出，中国的失败与列强的异军突起在他们心中形成了强烈反差，从而充分激发出

[1] 引自江苏同乡会《创始记事》,《江苏》1903 年 5 月第 2 期。

[2] 梁启超 . 梁启超全集：第 2 册 [M]. 北京：北京出版社，1999：963.

[3] 参见二见刚史、佐藤尚子《中国人日本留学史关系统计》,《日本国立教育研究所纪要》1978 年 3 月第 94 号。

昂扬的学习热情。

可以说，这一时期的中国学生远赴日本求学，“为的不只是日本路途近，费用便宜，由已从繁杂的基础西学中去芜存菁，选择出实用和合时宜的西学精华，提供求功名捷径。不少青年子弟决定留日，是他们认识到传统中学不能解决中国当时面临的困难和危机，希望留学日本求取新学问，求取日本的经验教训以建立富强现代的中国，以雪国耻”[1]。正是这种在青年学子中普遍蔓延的民族危亡感，促使他们积极主动地汲取先进文化的养分，为先进思想的广泛传播奠定了深厚基础。

[1] 荣应萸．留日学生与辛亥革命 [C]// 金冲及．辛亥革命研究论文集：上．北京：生活·读书·新知三联书店，2011：121-122.

第二章

日本渠道社会主义经济思想的主要内容及特点

1868年明治维新后，日本率先“脱亚入欧”，在大量引进西方发达资本主义国家先进科学技术的同时，进行“精神文化移植”，特别是吸收了西方社会主义思潮中的新思想、新理念。伴随着日本社会主义运动的兴起，西方社会主义经济思想开始在日本广泛传播开来，这是日本资本主义发展的必然结果。日本早期思想家广泛吸收了西方国家的先进思想，将其与日本实际发展情况相结合，在学习借鉴的基础上，形成了独具日本特色的社会主义经济思想，并通过一系列著述表现出来，为社会主义经济思想在中国的早期传播奠定了基础。

表 2–1　部分日本早期思想家经济思想著述

时间	著者	原著名	出版处	中译本出版时间	译者
1900年	有贺长雄	《近世政治史》	东京专门学校	1901年1月	译书汇编社
1899年	村井知至	《社会主义》	劳动新闻社	1902年4月	罗大维
1902年	幸德秋水	《广长舌》	平凡社	1902年11月	中国国民丛书社
1899年	福井准造	《近世社会主义》	有斐阁	1903年2月	赵必振
1900年	久松义典	《近世社会主义评论》	文学同志会	1903年2—4月	杜士珍
1901年	西川光次郎	《社会党》	内外出版协会	1903年3月	周子高

（续表）

时间	著者	原著名	出版处	中译本出版时间	译者
1903 年	幸德秋水	《社会主义神髓》	朝报社	1903 年 10 月	中国达识译社
1901 年	岛田三郎	《社会主义概评》	警醒社	1904 年 3 月	作新社
1902 年	矢野文雄	《新社会》	大日本图书株式会社	1903 年	作新社

第一节　官僚派社会主义者的经济思想

“官僚派社会主义者”是日本经济思想史上的主要群体。他们多为日本社会主义运动的先驱，在日本政坛中占据一席之地，其中，有贺长雄和福井准造的经济思想代表性较强，他们的经济思想一方面博取了诸家之所长，保留了鲜明的日本色彩；另一方面又多与社会实际相结合，在满足日本社会发展需要的同时，为中国先进知识分子提供了重要参照，突出了社会主义经济思想的本质。

一、有贺长雄：初步分析“三种类型的社会主义经济主张”

有贺长雄（ありが ながお，1860—1921 年），日本法学家及官僚派人士。1882 年，在东京帝国大学毕业后，开启了其政治生涯。在丰富留学经历的推动下，他较早接触到德、奥等国政治经济思想文化，并对研究德国问题产生了浓厚兴趣。回溯其出版的主要著作可以发现，他于 1900 年撰写的《近世政治史》一书，以谈论德国问题为主，不仅介绍了马克思和共产主义运动的概况，而且试图为经济问题找寻理论依据，足以视为其初步了解马克思经济学说的开山之作。而他对马克思经济学说的介绍主要集中在第三章《社会党镇压及社会政策》的《社会党之由来》一节中，通过对德国社会民主党的早期发展沿革进行的简略介绍，阐释了马克思领导的第一国际和社会主义运动在经济问题上的主张。

关于马克思与“社会党之由来”，有贺长雄认为，德国政府起初“合十数联邦而成”，各联邦由一个党派支撑。由于政府权力的逐步扩大，各政党也依据本党之条件进行了结合，并依据对宪法的拥护与否“约分为二”，一者为反对宪法之四党，以社会党为其首；二者则为拥护宪法的六个党派，分别为保守党、保守党自由派、国民自由党、进步党、人民党、中央党。此处所提及的社会党及其由来的问题，主要指19世纪60—70年代，德国“工人运动”中两派斗争的历史。

社会党本分二派。而自千八百七十五年团并以后。则所谓劳动社会党也（劳动下等社会之谓也。）此党虽未许用共和党之名。而实与君主政体反对。并与资本家及教会之势力相抗者也。初其数甚少。于政治上尚无十分势力。然赞同者甚众。将来可期有为。故当总选举之际。彼即利用此赞同者。以为传播社会党主义之计。虽在无可希冀之处。亦必派人演说社会党主义。招人入党。久之而其效大著。通计全国社会党选举之数。自三十万递加至百七十万。社会党之代议士选自制造事业盛处者。少则二人。多至四十四人。[1]

从上文可以看出，自1875年德国社会党两派合并形成劳动社会党后，便开始与资本家和教会势力进行斗争，通过传播社会党主义的方式，吸收了众多党员。此处，有贺长雄仅对德国社会民主党的早期发展沿革进行了简略介绍，尚未深入剖析该党内所涉及的代表人物及其政治主张。而对

[1] 有贺长雄．近世政治史 [J]．译书汇编，1900（1）：59.

于其他六党，他也只简单介绍了党派的发展及基本人员构成。比如保守党，他认为“此乃普鲁士之贵族及新教之转化者。而有本据于普鲁士东部之农业地者也。其党员类皆贵族之大地主。而奉戴现今之王统。保全君主之权力……其所以赞成政府与否。视问题之若何耳”[1]；国民自由党则“是乃合帝国各部中教会以外之中等公民而成。制造家商业家及大学教授……其中分为二派。一则盲从卑思麦克。一则稍能独立。两派之领袖死。至千八百七十七年卑思麦克之方针变后。俱式微矣”[2]。

在有贺长雄看来，社会主义之说的根本原因在于“贫富之不等”，劳动者因受到资本家的压制，只能通过“制恒产”的方式改变贫富差距的困境。对此，著者通过俾斯麦政府成立以后对社会党的镇压，以及此后社会党的兴起、马克思派和拉萨尔派的结合为起点，对德国社会民主党的发展历程进行了介绍。

一是重点记述万国工人总会及德意志支部，介绍马克思领导第一国际及其德国支部的理论主张。据有贺长雄所述，马克思最初在科隆开设报馆，提倡“均富之说”，后于1962年（实际是1864年）与各国工人领袖汇集伦敦，成立万国工人总会（即国际工人协会）。此协会成立的目的：“始极平和。不过欲扩张英国工人同盟之范围。合各国工人之势力。以求保护工人。脱资本家之束缚而已。”[3]但是，这种说法只反映出围绕第一国际的目的和任务，是多种任务中的一种，尤其是英国工联主义者的政治主张：他们力图成立国际性的工联组织，从而限制资本剥削和保护劳动者的权利。之后，有贺长雄依次介绍了1866—1869年间分别在瑞士日内瓦、瑞士洛桑、比利时布鲁塞尔

[1] 有贺长雄．近世政治史[J]．译书汇编，1900（1）：60.
[2] 有贺长雄．近世政治史[J]．译书汇编，1900（1）：60-61.
[3] 有贺长雄．近世政治史[J]．译书汇编，1901（2）：52.

和瑞士巴塞尔召开的四次代表大会。他特别介绍了第二次代表大会期间作出的《关于工人阶级的政治斗争》的决议，并就无产阶级解放道路的问题，驳斥蒲鲁东主义者单纯经济斗争的观点进行了梳理。此外，他还转述了“凡铁道、矿山、森林。均为共有。宜一律平分。土地之物产。为国家公有。宜一律平卖”及“欲全废土地私占之制”[1]的议题。有贺长雄虽未对历次代表大会的决议作出清晰判断，但是他指出“议定其主义纲领，尚未见诸实行”，并对李卜克内西创立的德国支部“国民保工会”进行了介绍，其“限定工作时刻。限定妇女工作。废止幼者工作。制定累世遗产之税法。又国家宜均百姓之恒产而保护之”[2]的主张得到了有贺长雄的赞同与肯定。

二是以“拉司来[3]之德意志全国工人会”为题，记述拉萨尔全德工人联合会的理论主张。拉萨尔认为，要想保障工人权益，试图进行改革，与其“徒劳”同资本家协商，则“不如激动政府。设立均产公会以仰国家保护”[4]。此外，有贺长雄还介绍了拉萨尔与俾斯麦在柏林时的交往活动，并指出俾斯麦认为拉萨尔其人“非无谋过激之流所可同日而语”，同时认为李卜克内西和倍倍尔批评拉萨尔“卖社会主义于政府”的行为实属可惜，其创立的全德工人联合会也与国民保工会有所不同。此部分内容，虽未对拉萨尔及其经济主张进行评说，但却真实反映出拉萨尔与俾斯麦政府之间的实情及在工人组织内部实行的独裁统治。

三是叙述“德意志工人会党”的发展历程，突出爱森纳赫派与拉萨尔派合并后德国社会主义工人党及其理论主张。据有贺长雄叙述，1875 年 5 月，爱森纳赫派与拉萨尔派在哥达举行统一的代表大会，主要就“政治主

[1] 有贺长雄．近世政治史 [J]. 译书汇编，1901（2）：52.
[2] 有贺长雄．近世政治史 [J]. 译书汇编，1901（2）：53.
[3] 拉司来，即拉萨尔。
[4] 有贺长雄．近世政治史 [J]. 译书汇编，1901（2）：54.

义”和“社会改良”两个问题展开了讨论。在“社会改良”问题上,提出“简易税法。同盟罢工之自由。限定工作时刻。禁止幼者工作。失业工人之保护法。工场卫生之管理法。雇主抚恤疾病负伤之工人。整理监狱内工作”[1]等主张，以期实现社会改良的目的。

此外，有贺长雄还专门提到俾斯麦欲通过“变通之法”解散社会党的做法，以其“欲调停资本家与工人之利益”的宗旨为主线展开论述，并就俾斯麦政府的“国家社会主义”进行了介绍。可以看出，这三种主义都从不同侧面涉及马克思的经济学说，虽然只是零星涉及，但存在误读之处，仍有待进一步考证。

综上可以看出，有贺长雄的社会主义经济思想具有以下几个特点：

一是对三种类型社会主义经济思想作了初步区分。马克思派的社会主义经济思想，体现在坚持生产资料公有制，推动无产阶级同资本家的对抗，代表平民反对政府，并通过和平手段实现斗争目标。拉萨尔派的社会主义经济思想，以实现“均产”为目标，妄图通过政府实现对工人阶级的保护。俾斯麦的“国家社会主义”经济思想，是凭借国家法律镇压、禁止或解散社会党，由国家和资本家出资解决工人的生存问题，试图通过经济手段调解资本家与工人之间的矛盾。有贺长雄对三种类型社会主义经济思想的初步区分，较为清楚地说明了马克思的经济学说与其他各派社会主义者经济思想的区别，这对于经济思想在中国的早期传播具有一定的现实启发作用。二是对马克思领导第一国际经济主张的把握较为准确。有贺长雄在介绍马克思的经济主张时，并未明确提及马克思本人的经济理论，只是在其前期活动中附带提及“均富之说”。他在文中重点记述了马克思以生产资料公

[1] 有贺长雄．近世政治史 [J]. 译书汇编，1901（3）：31.

有制作为无产阶级斗争目标的根本思想，并介绍其在创立第一国际德国支部时的经济主张，较为清晰地体现出马克思支持工人斗争的思想。尽管有贺长雄的叙述与基本事实有所偏差，但其社会主义经济思想却为国人了解马克思的经济主张提供了必要条件。

二、福井准造：通过“经济学”的学说“说明社会主义之本质”

福井准造（ふくいじゅんぞう，1871—1937年），日本众议院议员，《近世社会主义》是其系统介绍社会主义思想发展史和各国社会主义运动概况的第一部著作。他在书中依次介绍了巴贝夫、圣西门、傅立叶、欧文、卡贝、蒲鲁东、路易·勃朗、洛贝尔图斯与拉萨尔等人的生平和学说，特别是在第二编《德意志之社会主义》中专著《加陆·马陆科斯及其主义》一章，详细介绍马克思的生平和学说。此外，他对《资本论》《共产党宣言》《哲学的贫困》《政治经济学批判》《关于自由贸易问题的演说》和《英国工人阶级状况》等著作进行专题式论述研究，并对《资本论》一书倍加称赞，认为“马陆科斯之《资本论》，为一代之大著述，为新社会主义者发明无二之真理，为研究服膺之经典”[1]。其中，福井准造着重介绍了马克思的剩余价值学说和他对资本主义必然灭亡、社会主义制度必将实现的论述，并试图通过生产力与生产关系之间的矛盾运动，系统论证资本主义生产方式存在、发展、灭亡的规律。

在对马克思的经济学说进行介绍的过程中，福井准造以马克思的资本理论为重点，辅以部分人士对马克思观点的“驳论”，从而为其社会主义经济思想的形成提供参考依据。在介绍马克思的资本理论时，他首先肯定了《资本论》的理论价值，指出“社会主义之实行，与国际党的劳动者同

[1] 姜义华．社会主义学说在中国的初期传播 [M]. 上海：复旦大学出版社，1984：155.

盟以期社会之雄飞，其学理皆具于《资本论》"[1]。在他看来，马克思在《资本论》中重点考察了资本的变迁与发展，指出当前"经济界之现组织，全然为资本之支配"，如果要保护劳动者的权益，就必须摆脱资本制度的侵蚀。而其中最重要的，莫过于"殖产界之变迁"和"价格论"。

以下以福井准造对"价格论"的研究为例。

在福井准造看来，所谓的"价格论"以"价格"的分离作为起点，指出"价格分离之道"可分为"使用价格"和"交换价格"两种：

日：人類の必要に供給し、人間の慾望を満足せしむるの價格あるもの是れ即ち使用價格なり。吾人は空氣なくして生活すること能はす、又水なくして生存するを得す、或は日光の如き、食物の如き、若しくは金銀衣服の如き、皆吾人に必要にして吾人の望む所なり、故に此等は總て使用價格を有す、然れをも此等の總てが交換價格を有すとなすは裸れり、日光空氣の如きは、吾人日常の生活に必要なる、寧ろ衣食住の上にありと誰ども、吾人は他物を交換して之を得るに非す、此二物にして天下到る處に存在する以上は、此等は使用價格を。[2]

中：以供给人类之必要，满足人间欲望之价格，即为使用之价格。吾人非空气不能生活，非水不能生存，又如日光，如食物，如金银衣服，皆为吾人之必要，吾人之所望者，故有此等为总使用之价格。然此等之总使用价格，不得误为交换之价格，如日光空气，为吾人日常生活之必要，在于衣食之上，然吾人不得以他物而交换之；而此二物，又为地上随处而有。此等为有使用之价格。[3]

[1] 福井准造．近世社会主义 [M]. 赵必振，译．上海：广智书局，1903：155.
[2] 福井准造．近世社会主义 [M]. 东京：有斐阁书房，1899：163.
[3] 福井准造．近世社会主义 [M]. 赵必振，译．上海：广智书局，1903：156.

按照福井准造的理解，“使用价格”属于满足人类所必需的价格，比如空气、水、日光等，是人类生活的必要条件，而且无法通过交换得到。

通过对价格的区分，他得出结论：

日：夫れ斯の如く、交換價格を有する凡てのものは、使用價格を有すると雖ども、使用價格を有するもの、必ずしも交換價格を有するに非す、人誰か自己の慾望を充たして以て、其必要に供給する能はざる無用の物品を交換使用するものあらんや、又誰かれ單に人生に必要なりと云ふを以て、天下無数の物品を故らに交換使用するものあらんや、斯の如く此二種の價格は、人類に實用あるの點に於て。[1]

中：盖有交换之价格者，必有使用之价格，而有使用之价格，不必有交换之价格。人皆欲充自己之欲望，不能以其必要之供给，而交换无用之物品。夫交换使用者，盖以天下无数之物品，为人生之必要，而后交换使用之。故此二种之价格，为人类实用之点。[2]

可以看出，他对“交换价格”的理解较为简单，即为“以无用之物品，变形为必要之物品”。为此，他通过砂糖与其他物品的交换为依据进行了比较，找到了二者间的共同因素——劳动力。此后，他进一步对劳动力之间的差异展开对比，以花费劳动力之多少衡量物品价格。由此可见，福井准造简单对照了使用价值和交换价值之间的联系与区别，以此取代马克思关于商品两个因素即使用价值和价值的分析，接着又跳到“劳动力”或“劳动”之类的模糊概念，用以论述交换价值的内容，即各种使用价值能够按一定比例交换，而其中用作衡量的东西就是“劳力”。这一说法似乎是指

[1] 福井准造 . 近世社会主义 [M]. 东京：有斐阁书房，1899：163-164.
[2] 福井准造 . 近世社会主义 [M]. 赵必振，译 . 上海：广智书局，1903：156.

马克思的社会必要劳动时间概念，在此基础上，他进一步展开了对剩余价值来源的分析。在他看来，价格可分为使用和交换两种，是本家为追求自己的富裕，便利用劳动者以达其目的。

日：しかを知るに難からす交換すれば勞働者が資本家の犧牲をなりて、その勞力の過半をこれに捧ぐる所以の理を覺知し得べし。即ち資本家が勞働者を使役するや、之に給與するに彼等が使りて生活し得べる丈の交換價格を以てするに過ぎす。[1]

中：质而言之，劳动者，资本家之牺牲，以其劳力之过半，而食其力。而资本家之使役劳动者，不过以交换之价格，给与彼等之生活。

为证明个人观点，他以劳动者的日常生活所需为例进行假设：

譬之劳动者，日常之生计，不过二十钱之物品。以彼等自治自营而计之，岂止于每日二十钱之物品与生产？彼等每日以六时间之劳动，则以足充分而自给之，而此时之资本主义，强彼等每日执十二时间之劳动，则每日应得四十钱之物品与生产，彼等即应得四十钱之报酬，乃割其一半而为己有，是资本强割六时间之劳动于劳动者，而诈取其所得之二十钱。故资本家之利润之所得者，不出此诈取的价格之外。[2]

由上文可知，福井准造简单地理解了劳动力的使用、生产剩余价值等问题，又撇开马克思的劳动二重性等分析工具，省略价值增值和剩余价值生产的基本分析环节，试图直接截取其中有关价值增值，特别是有关绝对剩余价值生产的分析结论。这点与马克思的剩余价值理论相背离，

[1] 福井准造．近世社会主义 [M]. 东京：有斐阁书房，1899：165-166.
[2] 福井准造．近世社会主义 [M]. 赵必振，译．上海：广智书局，1903：157.

同时反映出福井准造经济思想的封闭性。此后，他又引述马克思的“原话”，试图解释马克思对资本制度和劳动生产要素的界定。但是，他进一步评论说，马克思认为资本主义私有制灭亡以后，未来国家都是“治者抑制被治者”的状态，且欲将其归结为国家发展的关键，而这点与无政府主义颇为相似。

在对马克思的资本理论概略介绍后，福井准造肯定了马克思的资本理论，指出：

彼与从来之经济学者，以土地、资本、劳力三者，论定为生产上之三要件相反，而生产上之要件，限于唯一之劳动，排斥资本家之利益，为分取不正之行为。土地虽为生产之必要件，其性质上，不许私人之专有，故对土地之报酬，无论何人，皆得分配生产之利润。而生产富利之全部，应归劳动者之所有。[1]

同时，他又列举其他人士对马克思观点的“驳论”，比如：反对“马陆科斯以劳动为生产社会唯一之要素，而斥资本万能之说等”；认为“资本家之任务，既已如斯，彼又主张对生产事业，而受若干之报酬，即分配若干之利益，决不为悖理之要求”；批评“资本家所分取自己之利益，马陆科斯所谓剩余价格，收没劳动者之劳动是也”[2]等观点。但福井准造只简单罗列，并未对此“驳论”进行深入分析，且仅提出应当对“资本”和“资本家”进行区分，明确生产社会的必要条件。

此外，福井准造专辟一章介绍马克思与“国际的劳动者同盟”，并梳理了马克思的经济学说对其历史沿革产生的影响，通过对洛贝尔图斯“社

[1] 福井准造．近世社会主义 [M]. 赵必振，译．上海：广智书局，1903：162.

[2] 姜义华．社会主义学说在中国的初期传播 [M]. 上海：复旦大学出版社，1984：162–163.

会主义”学说与马克思经济学说的对比，强化了对马克思经济理论的理解和深化。当然，福井准造在《近世社会主义》一书的绪论及其他各编也提到了马克思的经济学说，但只是作为对马克思经济学说的补充，并未进行系统深入的介绍。从这点上，可以发现，福井准造社会主义经济思想存在两个问题：其一，他对马克思经济理论形成了错误认识，把商品的使用价值和价值对立，视为“价格”分离为“使用价格”和“交换价格”等。其二，只在表面上“客观”评价马克思的经济学说，但却存在不少误读，如他把马克思的“未来国家自行消亡”的思想,说成“欲设立无政府的组织”；把“资本”这个历史性概念与一般生产资料混同等,都是对马克思关于“资本”理论的误读。

总而言之，福井准造对马克思经济学说的科学性和真理性予以了肯定的评价，认为马克思的学说“以深远之学理，精密而研究之，以讲究经济上之原则，而认信真理与正理，故于多数之劳民，容易实行其社会主义”[1]。但是，我们也应当明确，其撰写《近世社会主义》的出发点并非倡导社会主义，而是因为担忧欧美国家因贫富悬隔造成的社会问题，“隐约胚胎于日本”，以此引起国人的注意。正如其在凡例所言“社会主义者，以经济学上之一学说与政治上之一议论，以判定此主义之是非善恶”[2]，这是其介绍马克思经济学说的主要目的，同样也是其社会主义经济思想与其他日本社会主义者的显著区别。

[1] 福井准造．近世社会主义 [M]．赵必振，译．上海：广智书局，1903：148.
[2] 福井准造．近世社会主义 [M]．赵必振，译．上海：广智书局，1903：81.

第二节　“儒派”社会主义者的经济思想

由于深受中国传统文化的影响，日本早期思想家的理论体系中蕴含了丰富的儒家思想。其中，最具代表性的便是幸德秋水和久松义典。他们作为“儒派”思想的代表人物，都擅长运用中国古代的儒家学说分析近代社会贫富不均的现象，并以此作为经济思想的立足点。在贫富悬隔日盛的情况下，他们的社会主义经济思想自然而然地披上了儒家思想的“外衣”。

一、幸德秋水：“防止贫富的悬殊……实行社会主义大革命”

幸德秋水（こうとくしゅうすい，1871—1911年），明治时代思想家、社会主义者、无政府主义者。19世纪末，幸德秋水开始初步接触社会主义思想，到20世纪初期，他对社会主义理论已经进行了深入系统的研究。在《社会主义神髓》[1]一书中，他节译了《共产党宣言》《资本论》和《社会主义从空想到科学的发展》的部分内容，详细考察了产业革命给近代社会带来的发展和贫困问题，认为生产资料被少数人垄断是造成贫困的主要原因，并在分析资本主义基本矛盾的基础上强调了社会主义的优越性。但是，他在书中并未详细提及马克思的经济学说，只是从剩余价值出发，阐述了资本主义社会灭亡的必然性，认识到社会主义社会是人类社会发展的最高阶段。这部著作不仅对当时日本民众了解社会主义具有一定的启蒙作用，而且直接推动了中国早期知识分子对社会主义思想的引入与吸收。

《社会主义神髓》包含七部分内容，马克思经济学说的内容主要出现

[1] 根据文末所列参考书目可知，该书源自《共产党宣言》、《资本论》第1卷、《社会主义从空想到科学的发展》、柯卡普的《社会主义史》、伊利的《社会主义与社会改革》、布利斯的《社会主义手册》和《社会主义百科全书》、摩里斯和巴克斯的《社会主义的产生和结果》等著作。

在第三、四章，即“产业制度的进化”和“社会主义的主张”当中。以下所阐述的幸德秋水的社会主义经济思想正是以上述两个章节为基础展开的论证，涵盖以下两方面内容。

一是对马克思唯物史观和资本主义基本矛盾理论的合理论证。幸德秋水在第三章开篇，便开宗明义地指出马克思是“社会主义之祖师”，指明了人类社会发展的真相。接着便引用马克思的一段话进行论证，其日文原版内容及中译本内容如下：

日：『有史以来何の時、何の處とを問はずして、一切社會の組織せらる、所以の者は、必ずや經濟的生産及び交換の方法、之が根底たらざるは無し。而して其時代の政治的及び靈能的歴史の如きは、唯だ此根底の上に建てる者にして、亦實に此根底よりして始めて解釋することを得べき也』と。[1]

中：有史以来。不问何处何时。一切社会之所以组织。无不以经济上生产及交换之方法为根柢。而其时代之政治之历史。建于此根柢之上者。亦可从此根柢释明之。[2]

从上文可以看出，幸德秋水虽为马克思的唯物史观进行了铺垫，但却忽视了阶级斗争和社会进化的重要作用，转而强调经济生产方式和交换方式对社会发展所起到的基础性作用。为进一步展开论证，他在文中写道：

[1] 实际上，这段话出自《共产党宣言》英文版序言，原文如下：

That in every historical epoch, the prevailing mode of economic production and exchange, and the social organization necessarily following from it, form the basis upon which is built up, and from which alone can be explained, the political and intellectual history of that epoch......

[2] 幸德秋水 . 社会主义神髓 [J]. 高劳，译 . 东方杂志，1911，8（12）：5.

一切社会的变化，政治的革命，其究竟之原因，不能以寻常之理想、及一定不变之正义真理推定之。当观其生产交换方法之变化如何。亦不必求之于哲学。当审查夫各时代经济之状态，试观现在社会之组织。凡昨日之正义，今日见为非理。去年之真理，今年见为罪恶者。乃由其生产交换方法渐渐暗迁默移而去。故适应于当初之社会组织，遂至有不能仍前沿用者。[1]

从上述内容中，可以明显看出幸德秋水对马克思唯物史观的推崇。他把世界上各种社会形态变更和发展的历史过程，当作产业变革带来的结果，认为生产方式的变革势必会造成社会经济形态的变化。这一点正是对马克思唯物史观的初步解释。当然，幸德秋水也运用历史唯物主义的部分论点，深入分析了日本自产业革命以来形成的社会弊病，指出资本主义的私人占有对社会问题的影响程度，进而提出“通过生产资料公有化解决社会问题”的方案。具体来看，则有幸德秋水关于产业革命使个人劳动变成社会劳动，但是社会劳动的产品依然由资本家占有的现象，提出社会一切罪恶“罔不胚胎于此”的“大矛盾”的观点。他还认为,个人占有的结果可以表现为“有组织之工场生产，与无政府之市场之冲突”；“产业方法”的矛盾可以表现为阶级和市场两个方面的冲突，这种冲突必将导致产业生产的破裂等。此外，幸德秋水还介绍了马克思《资本论》中关于剩余价值的部分内容：

[1] 此段内容出自恩格斯《社会主义从空想到科学的发展》，这一表述的今译文为：“一切社会变迁和政治变革的终极原因，不应当在人们的头脑中，在人们对永恒的真理和正义的日益增进的认识中去寻找，而应当在生产方式和交换方式的变更中去寻找；不应当在有关的时代的哲学中去寻找，而应当在有关的时代的经济学中去寻找。对现存社会制度的不合理和不公平、对理性化为无稽，幸福变成苦痛的日益清醒的认识，只是一种象征，表示在生产方式和交换形式中已经静悄悄地发生了变化，适应于早先的经济条件的社会制度已经不再和这些变化相适应了。”详见卡尔·马克思，弗里德里希·恩格斯．马克思恩格斯选集：第 3 卷 [M]. 北京：人民出版社，1972：425.

马尔盖斯盖谓：交换之时，决不生价格；价格之创造，决非在市场。而资本家运转其资本之间，得自高下其额者，彼实具有创造价格之能力，以购卖商品也。今夫商品者，人间之劳动力是也。惟劳动者为急图生活，不暇待用力相当之价格，而低廉以沽之。计其一日之力，虽以易不相当之价格，尚足一日衣食，有远超于赁金者，然其所以利资本家者大。例如，以日可创造六志价格之劳动力者，日以三志购买之，其三志之差额，名曰"剩余价格"。彼等资本家谋所以厚其资本者，唯从劳动者掠夺此剩余价格。然则此劳动力之"剩余价格"也，有不全为大盗积者乎？[1]

此处的"价格""剩余价格"即为马克思所说的"价值"和"剩余价值"。幸德秋水简单地把"value"一词译为"价格"的做法，沿袭了当时日本学界的通用译法。虽然在译介方式上产生了偏差，但却并不妨碍对原文的理解。幸德秋水解释道："作为商品的劳动力被资本家购买后，在生产过程中不仅再生产出用以维持劳动力衣食生活之需的工资价值，而且创造出超过工资价值的剩余价值；掠夺剩余价值是资本家运转其资本进行生产的目的。"[2]从这点上看，幸德秋水基本表述出了剩余价值的本意，并试图根据价值理论解释社会中出现的各种问题。可以说，此部分内容是幸德秋水社会主义经济思想的精华，他较为清楚地阐释了马克思的相关理论观点并加以分析，特别是对剩余价值的理解，相较于他人而言更加全面。

二是对马克思和恩格斯社会主义思想的初步探索。在介绍马克思和恩

[1] 社会主义思想在中国的传播编写组．社会主义思想在中国的传播：上 [M]．北京：中共中央党校科研办公室，1985：99.

[2] 谈敏．回溯历史——马克思主义经济学在中国的传播前史：上 [M]．上海：上海财经大学出版社，2008：260.

格斯社会主义思想的过程中，幸德秋水首先论述了社会主义生产方式和交换方式的决定性作用，并引用了恩格斯在《社会主义从空想到科学的发展》中的一段话，日文原本如下：

日：エンゲルは更に曰く『社会が生产机关を掌握するや、商品の生产は即ち迹を绝つ可し、而して生产者は又生产物の为めに制御せらることなけん、社会的生产の无政府は一扫して、之に代る者は即ち规律统一ある组织ならん、个人的生存争斗は消灭せん。如此にして人は初めて禽兽の域を脱して、真个に其人たる所以の意义を全くすることを得可し』と。[1]

中：音盖尔又曰："社会者掌握生产机关也。商品之生产，即使绝迹，而产者仍不为生产物所制御，一扫社会的生产之无政府者。以规律统一之组织而代之，消灭个人的生产竞争，如人初脱禽兽之域，而得成完全有道义有智识之人类。"……

首先，这段话意在说明社会占有生产资料后将会出现的情况，这与当前生产资料私有制下的劳动者像"动物"般的生存斗争情况相似，突出了生产资料占有的特殊地位。其次，他反驳了攻击和误解社会主义的观点，并援引了亨利·劳埃德和穆勒的观点，说明社会主义所要实现的自由性。在他看来，社会主义的目标即为大多数人解除经济桎梏，它所要构建的是平等社会，而非专制国家。最后，他通过社会党的运动提出实现生产资料公有、财富的平均分配和阶级制度的废除等观点，认为社会大革命最终能够消灭资本主义制度，从而实现社会主义的价值。此即为社会主义之"神髓"。

[1] 方红．马克思主义在中国的早期翻译与传播 [M]. 上海：生活·读书·新知三联书店，2016：201.

幸德秋水的社会主义经济思想更多的是基于马克思和恩格斯的主要观点形成的，较之其他思想家的研究，他把握住了马克思经济学说的本质，并能加以详细介绍。然而，幸德秋水此前受到了儒家思想的影响，促使其经济思想中蕴含浓厚的哲学意蕴，加之他以日本行文方式对原文本进行了解读和释义并采用节译的方式进行论述，便打乱了自有的成书顺序和理论体系。其思想正可谓瑕瑜互见，需要辩证对待。

二、久松义典：认为“社会主义者……为近日之要务也已”

久松义典（ヒサマツ ヨシノリ，1855—1905年），“日儒”派另一代表人物，其社会主义经济思想与幸德秋水的思想形成强烈反差。幸德秋水以《共产党宣言》、《资本论》第1卷、《社会主义从空想到科学的发展》等著述为蓝本介绍马克思的经济学说，并在此基础上形成了较为准确的理论体系；久松义典则在《近世社会主义评论》中大量借助非马克思主义著述中提供的资料，将其作为叙述马克思经济学说的蓝本，并附带较为单薄的评论，显然具有一定的局限性。但是，久松义典注重从中华传统文化中寻找社会主义思想的来源，他对“社会之不平等”导致的“贫富之悬隔”与“贵贱之区别”正凸显了他社会主义经济思想的“儒化”倾向。这也正是他社会主义经济思想的重要特征。

从他对马克思经济学说的评论来看，大多是模糊的附带性介绍。比如他在追溯19世纪社会主义的起源时就说道：

日：抑社會主義は、十九世紀の新産物なり、其起源に溯れば、佛國のルーソー、モルレイ、マブレイ等先づ自由平等の主義を唱道し、英國にてはロバート、オーウイン協同作業の理を説き、獨逸のヘーゲル、フイヒテ、ツサル等之を顯彰し、以て漸く發達せしが、その廣く世に著はれたるは、一八一七年英國議院にオーウインが初めて社會的建議を提出し、一八三〇年佛國サン・シモンの新言論出で、尋てフオーリールの新計畫起り、厥后佛國革命の破裂あり、新社會黨ルイブラン、カールマルクスの運動あり、終に一八七二年海牙府に開きし萬国聯合大會に於て、社會黨は斷然ごして無政府黨ご分離し、こゝに現今の社會的民政主義の純團躰を生せり。[1]

中：抑社会主义者。十九世紀之新产物也。溯其起源法國之盧騷墨賴モルレイ麥蒲賴マブレイ等先唱自由平等之主义。英国之露敗第ロバート奥武英オーウイン唱协同作业之理。德之倍蓋露ベーゲル傳意台フイヒテ懶塞魯ラッサル为之表章而显明之。而其意逐渐以发达其著行于世者于西历之一千八百十七年。奥武英始于英国议院中提出社会之建议。一千八百三十年法国自塞瓮希孟サン・シモン之新言输出。寻为傅奥里露フォーリール之新计划起。厥后有法國革命之破裂。有新社会党鲁意蒲郎ルイブラン孜鲁玛培斯カールマルクス之变动。終则于一千百八七十二年开万国联大会于海牙府。社会党者。其宗旨与无政府党判然分为两途。实今日社会民政主义之纯团体所由生也。[2]

从上文中可以看出，久松义典认为社会主义起源于法国的卢梭、摩莱里、马布利等人倡导的“自由平等之主义”，英国的罗伯特·欧文倡导的“协同作业之理”以及德国的黑格尔、费希特、拉萨尔等人“为之表章而显明

[1] 久松义典．近世社会主义评论 [M]. 东京：文学同志会，1900：4.

[2] 杜士珍．政治学：近世社会主义评论 [J]. 新世界学报，1903（11）：52–53. 注：杜士珍与其他译者不同，他对近世社会主义评论进行了译撰，他不仅停留于翻译，而且更注重撰写。需要说明的是，为方便阅读，作者在保留本意的基础上将部分文字转换为简体。

之”。此后，进一步提出社会主义的具体实施，并以1872年国际工人协会代表大会的召开为“社会党其宗旨与无政府党判然分为两途，实今日社会民政主义之纯团体所由生”的标志。久松义典虽然勾画出西方社会主义历史的简要线索，但是却未真正把握相关的历史时间与事件，同时又刻意提及与此无关的历史人物。这段关于社会主义发展史的论述，不仅忽略了马克思及其学说，而且还把马克思与路易·勃朗置于一处，当作“新社会党”的代表人物加以提及。由此造成的结果，就是误导人们对马克思经济学说的理解，同时又把对马克思的研究引入一条荒诞不经的道路。

又如，久松义典在第五章《人类平等说与三百代议士之优劣疑问，英国政治论之两基础，卢梭〈民约论〉》中写道：

日：凡そ勤勞は財産に天然的権利を附與するものとし物品の價值は、使用と交易とに論ちく、唯勤勞より生ずるものなりと、その後社会学士カール、マルクス等及他の社会黨は、皆この説を祖述し、物品の市價は、その生産及運般に必要なる勤勞より生すとの論を立て、頗る勢力を得たり。[1]

中：凡勤劳者得有天然之利权者也。物品之价值。不论其使用与交通。唯由勤劳而得之云云。其后社会学士喀路马路古司及其他社会党皆祖述此说。倡论物品之价值。乃由勤劳于生产及运般而生之说。二氏所倡。颇得势力。[2]

[1] 久松义典．近世社会主义评论[M]．东京：文学同志会，1900：18.

[2] 杜士珍．政治学：近世社会主义评论[J]．新世界学报，1903（13）：85.

他在此处主要解释了马克思的劳动价值论概念。在他看来，商品的价值并非产生于商品使用与交换的消费和流通领域，而是产生于商品生产与运输领域所消耗的劳动。而他此处对马克思劳动价值论的论述，并非基于他对价值论本身的理解与赞同，而是在介绍“民约之说”时顺带提及，其真实意图在于凸显霍布斯和洛克主张的正确性。因此，在下文中，久松义典也着力评述他们二人的观点，对马克思的劳动价值论未置一词。

再如，久松义典推崇圣西门为“近世社会主义中兴之一”，在对马克思主义和空想社会主义进行划分之时，认为：

日：近代の社会主義は、セイント、シモンこれを開明して、カール、マルクスこれを顕彰し、それより愈々化醇して實際問題に蹈み込み、産業組織と資本制度及び労働規約の改良に向て専ら進歩し来れるのなり、世人往々労働問題のみを以て、期主義の目的と心得、これに開する二三の。[1]

中：近代社会主义。自塞西翁笃西孟开明之。而显彰于孜鲁玛古斯カルマルクス尔后渐蹈入实际问题。而不如前之晓晓于空论矣。此乃向于产业组织与资本制度及劳动规约之改良而发生进步者也。世人往往仅于劳动问题。关于斯主义之目的与心得。一读二三所著之书及杂志等。[2]

在他看来，社会主义经过圣西门的阐述和马克思的彰显，进而转变为实际问题，这与此前的“空论”大相径庭，而它转变为实际问题的标志就是通过对产业组织、资本制度以及规定的改良实现的。对上述问题的论证，是久松义典社会主义经济思想的核心要义，他较为清楚地表明了马克思经

[1] 久松义典 . 近世社会主义评论 [M]. 东京：文学同志会，1900：30.
[2] 杜士珍 . 政治学：近世社会主义评论 [J]. 新世界学报，1903（14）：27.

济学说中有关产业和资本等经济问题，但是在进一步论述中，又偏离了马克思经济学说的本质。因此，其本质思想仍有待考究。

从早期社会主义经济思想的发展情况来看，久松义典于 1900 年出版的这部著作中包含马克思经济学说的内容并不多，也尚未把握马克思经济学说的本质，反而在介绍中存在一定的误解。但就当时日本的社会情况来看，他对社会主义与马克思经济学说的介绍仍具有十分重要的意义与价值。这一点从其开篇例言中便能看出：

日：社會主義を詭激狂暴の空想をし、社會黨を無政府黨共產黨を混同せるは、舊来の大謬見なり、本書はこの頑想を闢かんが爲め、斯主義の起源及び變遷を叙し、兼て政治經濟的應用の綱領を説明せり。[1]

中：社会主义者。非诡激狂暴之空想也。世人不察。以社会党与无政府党相混同。实则宗旨颇相异。本书关前此之谬见。叙斯主义之起源。及其变迁之大略。并有说明政治经济上应用之大纲领。[2]

由此可见，久松义典的社会主义经济思想建立在对各学派思想梳理和挖掘的基础上，使马克思的经济学说蕴含其中，从而为“贫富之悬隔”找到现实出路。

[1] 久松义典 . 近世社会主义评论 [M]. 东京：文学同志会，1900：例言 .
[2] 杜士珍 . 政治学：近世社会主义评论 [J]. 新世界学报，1903（11）：54.

第三节 基督教社会主义者的经济思想

日本早期思想家有较为丰富的留学经历，他们在潜移默化中受到了基督教思想的影响。比如，西川光次郎的《社会党》，就主要介绍了欧美各国社会党的发展历程，在字里行间略有提及马克思的经济学说；岛田三郎的《社会主义概评》，充分体现了他的基督教社会主义主张，这与村井知至的《社会主义》不谋而合。村井知至认为，基督教教义主要作为附和社会主义运动的工具，而岛田三郎则是用基督教教义替代了社会主义学说。虽然基督教教义对日本早期思想家产生重要影响，使其思想中带有明显的空想性质，但是他们的社会主义经济思想仍有可资借鉴之处，能够为日本社会主义运动提供理论依据。

一、村井知至：提倡社会主义经济，“实行共有资本制度”

村井知至（ムライ，トモヨシ，1861—1944 年），曾任日本社会主义研究会会长。《社会主义》是其系统阐明社会主义经济思想的理论著作，他在书中剖析了资本主义社会的弊端，明确指出资本主义私有制是造成现今社会“贫富二阶级之悬隔”的根源，而社会主义就是要“废革此制度”，“变资本之私有为共有”。此外，作者认为社会主义“真足为救济社会之实策”，“为劳动者最后之救主”，并首次述及马克思的剩余价值学说，指出劳动者有权“占有其产出富之全额”，但由于生产资料自由制的存在，“劳动者仅得少许之工金耳”，“其余利益莫不为资本家垄断”[1] 等。由于著者的基督教身份，这部著作中难免被涂上了基督教社会主义的色彩。

[1] 钟家栋，王世根．20 世纪：马克思主义在中国 [M]. 上海：上海人民出版社，1998：21–22.

从整体上看，《社会主义》一书包含十部分内容，分别为“欧洲现时之社会问题”“社会主义之定义”“社会主义之本领”“社会主义与道德”“社会主义与教育”“社会主义与美术”“社会主义与妇人”“社会主义与劳动团体”“社会主义与基督教”“理想之社会”，足以见得村井知至对社会主义体系化研究之详尽。其中，最为重要的是他对马克思剩余价值概念和工人阶级经济解放思想的介绍和评析，充分体现出他对马克思经济学说的深刻认识与理解。

一方面，是对马克思剩余价值概念的基础性阐释。此部分内容集中在《社会主义》第三章，围绕社会主义反对“私有资本制度”的主线展开。在村井知至看来，过去“资本与劳动本无所区别”，并不存在贫富差距或阶级差别。但是，伴随着19世纪初工业文明的发展，西方国家在不同程度上出现了严重的社会问题，尤其是“资本家劳动者之二阶级”的矛盾愈发突出。为迎合资本家之意，劳动者的“事务时间工资等，一切为资本家所定”，稍有反抗，“不免沉沦饿殍之悲境”。对此，侯士绾曾在1903年6月的译本中这样表述：

劳力者艰难辛苦之余，所生殖之大利，已悉为资本家所占夺，己惟有沾溉余沥，藉糊其口，养身家且不足，况望其他乎？是加路·孟古斯（即“卡尔·马克思”——引者注）所谓剩余价格者也。故少数（应为“多数”——引者注）之劳力者，益困苦无聊。於呼！何不平允若是之甚耶，岂非私有资本之弊哉？[1]

[1] 村井知至．社会主义 [M]. 侯士绾，译．上海：文明书局，1903：16.

此文中“剩余价格”概念就是指马克思的剩余价值，虽然缺乏理论分析，但是能够看出他对资本主义弊端的抨击和批判。再从分配制度问题上看，则有：

社会主义所最关系者，在社会之经济故其经济界之结果，实有伟大者存焉。如社会主义行，则从来少数资本者所占巨大之利益，转而为多数劳动者之所共有，于社会全体之幸福，固不待言矣。夫劳动者日夜营营，产出之富，第一地租，为地主所有者；第二利息，为资本家所有者；第三赢利……劳动者之所得，仅工资耳。[1]

为说明分配问题，村井知至专门援引英国1895年的调查数据，即在劳动者一年创造的13.5亿镑国民收入中，地主占有3.6亿镑，资本家则以征收地租和利息的方式占有4.9亿镑，劳动者仅能得到5亿镑。这组数据证明，资本家、地主和制造家以少于劳动者的人口数，占据了绝大多数财富。对此，村井知至强调，要改变收入分配不均的情况，就必须大力倡导社会主义，实行共有资本制度，保障劳动者的根本权益。从上文可以看出，村井知至对马克思的剩余价值理论所揭示的剥削关系进行了简要叙述，但是对国民总收入和收入分配方法的理解则与马克思本人的解释产生了偏差。在马克思看来，总收益或总产品除了总收入（即工资和剩余价值），也就是“工资 + 利润 + 地租”之外，还包括生产中耗费的不变资本，而不变资本恰恰是村井知至在著述中忽视的概念。因此，笔者认为，村井知至对马克思经济理论的理解只浮于表面，并未触及马克思剩余价值学说的本质。但是，这一内容预示着早期思想家对马克思的经济学说展开了由表及里的

[1] 村井知至．社会主义 [M]// 社会主义思想在中国的传播编写组．社会主义思想在中国的传播（第2辑）：上．北京：中共中央党校科研办公室，1987：12.

研究，相较于其他著作而言，可谓思想理论上的一大革新。

另一方面，是对工人阶级经济解放思想的关键性阐发。此部分内容主要见于《社会主义》第八章，村井知至用摘译的方式简要叙述了马克思关于工人阶级经济解放的思想。文中，他引用了“欧美劳动者之首领”的原话，即“方今尤进步于世界者，为经济学。以劳动之权利，应占有其产出富之全额。乃劳动者能产之而不以占有之，以未明经济之原理故耳”[1]，以此突出劳动者对经济解放的呼吁。在村井知至看来，社会主义的目的为“变革现今之资本制度，即打破现今贫富之阶级”，要把土地、铁路、矿山、工场、机器等生产资料收归公有，实现劳工组织向社会主义的转变。为此，他专门列举了亨利·乔治的《进步与贫困》，并提倡亨利·迈尔斯·海德门与约翰·伯恩士[2]的社会主义功绩，试图阐释英国劳动者思想转变所带来的成效。文末，他又专门列举了1864年国际工人协会成立时，马克思起草的《国际工人协会共同章程》开头部分的一段内容。据笔者查证，此部分内容包含两个译本，因此，在此处抄录以便对比。

罗译本：

我党信否，劳动者欲脱资本家之羁绊，斯劳动者不可不自战。而欲劳动者之自战者，为使分资本家阶级制度之特权，全废灭阶级制度，得万人均等之权利，负万人共有之义务是也。

我党信否，劳动者为资本家生命之源泉，专有生产的机关，若生屈从，即生社会的穷困，若精神卑屈，即生政治的服从。

---

[1] 村井知至．社会主义 [M]// 社会主义思想在中国的传播编写组．社会主义思想在中国的传播（第2辑）：上．北京：中共中央党校科研办公室，1987：393-394.

[2] 亨利·迈尔斯·海德门与约翰·伯恩士，实为非马克思主义者，村井知至在此处可能混淆了欧美社会主义和工人运动中马克思主义者和非马克思主义者的观点，过度强调了非马克思主义者的作用，多半由于当时思想认识上出现的偏差。

我党信否，劳动者欲解经济的束缚，为最重大之目的，故为百般之政治的运动，单在扶此目的。[1]

侯译本：

吾党思为劳工者，欲脱资本家之羁绊，必先自为战备。且吾党以欲得自由而战，决非欲与资本家俱分阶级制度之特权，实欲全废此阶级制度，使人人均享其权利，而各负其义务。

吾党知为劳工者，以资本家专有生产机关，可为生命之源，因而降心相从，奴隶之唯命，牛马之唯命，所以致社会之困穷，精神之疲败也。

吾党知为劳工者，解目前经济界上之束缚，最为此会之旨趣。他日无论政府如何处置，皆以准此旨趣而行。[2]

今译本：

工人阶级的解放应该由工人阶级自己去争取；工人阶级的解放斗争不是要争取阶级特权和垄断权，而是要争取平等的权利和义务，并消灭任何阶级统治；

劳动者在经济上受劳动资料即生活源泉的垄断者的支配，是一切形式的奴役即一切社会贫困、精神屈辱和政治依附的基础；

因而工人阶级的经济解放是一切政治运动都应该作为手段服从于它的伟大目标；

…………[3]

[1] 村井知至．社会主义 [M]// 社会主义思想在中国的传播编写组．社会主义思想在中国的传播（第2辑）：上．北京：中共中央党校科研办公室，1987：395.

[2] 村井知至．社会主义 [M]// 社会主义思想在中国的传播编写组．社会主义思想在中国的传播（第2辑）：上．北京：中共中央党校科研办公室，1987：272.

[3] 中共中央马克思恩格斯列宁斯大林著作编译局．马克思恩格斯选集：第2卷 [M]. 北京：人民出版社，2012：171.

通过三个版本的对比，可以清楚看出，村井知至较为清楚地说明了马克思关于工人阶级取得生产资料支配权的经济思想，尽管他在接触马克思的某些阶级观点时只进行了常识性描述，暗含一定的基督教色彩，缺乏理论深度，但就19世纪末的情况来看，当时从美国留学归来的日本知识分子，急于把从国外学到的先进理论知识传达给日本民众，以推动日本社会的经济发展，《社会主义》一书所起到的历史作用不言而喻。其"日本第一部真正的社会主义文献"[1]的赞誉则更加印证了它的地位与价值。

二、片山潜：指出"财富、资本……理应属于劳动者所有"

片山潜（かたやま せん，1859—1933年），日本劳动运动家，社会主义思想家。在《我的社会主义》中，片山潜首先对资本主义社会的形成、发展、崩溃的历史过程作了理论分析，并进行了激烈批判。他对资本主义发展史的记述，主要包括资本发展、制度差异、两极分化、资本竞争等诸多方面。其次，他根据资本主义制度的具体内容，从经济、社会、文化、政治等方面说明了社会主义的优越性，强调了社会主义革命中劳动者所负有的使命，以此形成资本主义与社会主义的显著差异。最后，他在对比的基础上形成了对社会主义的深层次认识，提出通过"协作组合"实现社会主义，进而论述了从资本主义社会转入社会主义社会的问题。

一方面从资本主义制度的逻辑起点来看，"现在社会的资本家制度剥夺了劳动者的生产手段，剥夺者完全不劳动，却拥有产业的全权，驱使原本曾经是独立的劳动者劳动，从而从中取得衣食住的条件"[2]，由此导致劳动者与生产资料的分离。可以说，片山潜的观点切中了资本主义制度的要

[1] 周子东，傅绍昌，杨雪芳，等. 民主革命时期马克思主义在上海的传播（1898—1949）[M]. 上海：上海社会科学院出版社，1994：9.

[2] 肖立辉，芦钰雯. 片山潜[M]. 北京：中国工人出版社，2015：89.

害，但同时他也注意到了资本的特质以及资本与泛概念物货币的不同。他指出："一切资本都是财富，但并非一切财富都是资本。资本是指在运用状态中的财富。资本作为一种财富，用于创造财富……在用于创造新的财富时便是资本。"[1] 可以说，片山潜的经济观点与马克思对资本的论述并无二异，他不仅看到了资本的特质，而且尝试指出资本的来源，基本与马克思的逻辑体系保持一致。另一方面从剩余价值与资本的关系上看，片山潜明确指出："过去的资本、财富，将来的财富、资本，都是劳动者创造的，理应属于劳动者所有。"[2] 为合理解释劳动者在资本进程中出现的被动状态，他认为资本制度造成劳动者贫困的现象主要在于"劳动者将劳动的结果让与他人，是劳动者丧失权利的开始。随着产业的发展，劳动者将越来越陷于困难的境地"[3]。

由上文可知，片山潜的社会主义经济思想中融入了浓厚的人道主义色彩，这与其留学期间受到的威斯康星大学教授伊利（R.T.Ely）和柯卡普（T.Krikup）思想的影响密不可分。因此，片山潜能够很快辨析出资本主义制度存在的问题，他"确信坚持倡导的主义，即信仰的说明，亦即面向天下而发的宣言书，是对现社会即金钱万能、资本家横行霸道的社会的控诉书，是给资本家制度维持者的最后通牒"[4]。他在看到资本主义必将灭亡的同时，进一步提出"资本主义在社会上的命脉已断绝了，这是无可争辩的事实，资本主义制度阻碍人类的前进，违反社会产业的前进，它已走向死胡同了"[5] 的观点，并且将着眼点放在社会主义的实现上，彰显出其思想的

[1] 肖立辉，芦钰雯．片山潜 [M]. 北京：中国工人出版社，2015：89.
[2] 肖立辉，芦钰雯．片山潜 [M]. 北京：中国工人出版社，2015：89.
[3] 肖立辉，芦钰雯．片山潜 [M]. 北京：中国工人出版社，2015：89.
[4] 岸本英太郎．片山潜、田添铁二集 [M]. 东京：青木书店，1955：20.
[5] 张陟遥．幸德秋水与片山潜社会主义观之比较 [J]. 扬州大学学报（人文社会科学版），2012，16（4）：106－111.

进步性与前瞻性。

当然，片山潜的社会主义经济思想具有一定的局限性，同时也与马克思主义观点存在相违背之处。比如，他在基督教思想的牵引下，崇尚经济进化论，对“资本”和“生产资料”等概念界定不明；对生产手段与资本、价值与价格、劳动力的价值与工资、剩余价值与利息等几对政治经济学概念区分不清；在拉萨尔主义的影响下，对资本主义过渡到社会主义的手段和方式存在一定的激进性。但从总体上看，片山潜的社会主义经济思想仍有可资借鉴之处，为马克思经济学说的进一步传播做出了贡献。

第四节　日本渠道的社会主义经济思想的主要特点

通过对上述学者社会主义经济思想的归纳对比，可以发现，他们都对资本主义的固有弊端进行了批判，并且在阐述自身观点时带有明显的社会民主主义色彩，由此突出了日本渠道的社会主义经济思想的主要特点。

一、深入剖析资本主义弊端

日本早期思想家在其著述中，不约而同地将着眼点放在资本主义社会的弊端上，指出资本主义必然被社会主义所取代。福井准造在《近世社会主义》中以社会进化思想、唯物史观等内容为基础，分析了资本主义的固有弊端，并以社会主义在各国发展的实际情况，介绍不同国家应对资本主义弊端的方式。幸德秋水在《社会主义神髓》中，通过对历史唯物主义部分观点的考察论证，试图分析资本主义制度对产业发展带来的影响，指出产生贫富两极分化的重要原因在于资本主义的私人占有，并指出生产资料的公有化是解决资本主义弊端的重要方式。村井知至也认为，资本主义私有制是造成社会贫富悬隔的主要原因，要实现社会主义，就必须废除资本主义制度，变私有为共有。总之，日本早期的社会主义思想家都在不同程度上运用马克思主义的基本观点，以剩余价值论、唯物史观等作为理论武器，对生产和分配过程中资本主义制度出现的问题进行了强烈抨击。尤其在 1903 年前后，日本社会主义者进一步揭露了资本带来的压迫与剥削，从经济层面上展开了对资本主义的批判。由此可见，日本早期社会主义者的经济思想，具有一定的进步意义。

二、具有社会民主主义性质

正如美国学者伯纳尔所说："1906 年之前，美国人对欧洲社会主义理论的概括，是日本社会主义者最重要的思想渊源，但是美国的社会主义理论却把社会民主主义视为真正的社会主义形式。"[1] 这就使得日本学者在初次接触西方社会主义思想时,把社会民主主义视为"真正"的社会主义形式。比如，幸德秋水在撰写《社会主义神髓》时，认为社会主义的发展与社会进化息息相关，只有通过议会道路才能实现社会主义；福井准造经济思想中的社会民主主义成分较为明显，这集中体现在他对德国社会民主党性质的认识上，正是在这种思想成分的影响下，使得福井准造的经济思想与马克思的经济学说存在较大差异；西光川次郎在撰写《社会党》的过程中，也受到了社会民主主义的影响，虽然他在文中并未直接介绍马克思的经济学说，但是在介绍德国社会党的发展历程时，却通过对黑格尔和费希特思想的解释，体现出了他的社会主义经济思想。

[1] 伯纳尔．一九〇七年以前中国的社会主义思潮 [M]. 丘权政，符致兴，译．福州：福建人民出版社，1985：63-64.

毫无疑问，日本思想家撰写的著述及他们的社会主义经济思想是驳杂的，有些甚至把社会主义和人道主义混同起来，把科学社会主义和社会改良主义混同起来。但是综合来看，日本早期社会主义思想家的社会主义经济思想，基本都受到了欧美经济思想家学说的影响。他们基于日本社会发展的需要，充分吸收西方经济思想中的有益成分，并加以转化，为我所用。虽然他们的思想具有单一性和不确定性，对社会主义经济思想中某些理论的理解出现了偏差，但是却孕育出当时较为先进的经济理论思想，并为19世纪末20世纪初的中国先进知识分子提供了思想指引。正是因为日本社会主义经济思想的诞生顺应了时代发展的潮流，满足了近代中国社会救亡图存的现实需要，才为它在中国的进一步传播提供了契机。

第三章

中国早期知识分子对日本渠道社会主义经济思想的选择与传播

国家的富强不仅需要经济知识，更需要作为一门科学的经济学说，只有这种探索国富增长原理和社会更替的原因的学说才能够对国民生计的危机和中国经济走向提供最具说服力的解答。[1]

19 世纪末 20 世纪初，围绕“中国向何处去”的时代课题，中国早期知识分子悉数致力于开展思想救亡运动，掀起了一股救亡热潮。当时的先进分子认为“20 世纪，中国过渡之时代也”，中华民族应该“乘此滚滚汩汩飞沙走石 20 世纪之潮流，以与世界之文明相激、相射、相交换、相融合，放一重五光十色之异彩”[2]。在清末出现的中国近代化运动和日本社会主义运动的双重影响下，加上中日两国得天独厚的地理优势，中国早期先进分子自然选择了踏上东渡求学之路。留日期间，中国先进分子试图从经济学角度引入社会主义理论，并用以分析中国现状，构成近代中国一个重要的思想救亡脉络，也从侧面集中体现出中国近代知识分子对西方经济学理论与中国国情相结合达到的程度。可以说，清末出现的中国近代化运动不仅

[1] 朱俊瑞．社会主义经济思想在中国的早期传播 [M]. 杭州：浙江大学出版社，2010：29.
[2] 引自《浙江潮》1903 年 2 月第 1 期。

为西方资产阶级经济学的“东渐”创造了前提条件，而且也为社会主义经济思想的“东渐”开辟了道路。当然，由于时代的局限，早期先进知识分子对社会主义经济思想的介绍更多是通过转译的方式进行的，难免存在误读现象，同时未将其作为信仰和改造主观思想的武器。东渐思潮虽未汇聚成时代潮流，但这一阶段社会主义经济思想的“东渐”使中国人初识了社会主义经济思想，为马克思主义经济学说在中国近代的传播、运用与发展作了铺垫和准备。

第一节　资产阶级革命派对社会主义经济思想的选择与传播

19世纪末20世纪初，世界各主要资本主义国家正迅速由自由竞争阶段过渡到垄断阶段，两极分化日趋严重，导致无产阶级和资产阶级间的矛盾日益激化。正是因为看到了资本主义国家间不可调和的矛盾以及国内复杂形势的驱使，加之先进知识分子的救国热忱，促使以孙中山为首的资产阶级革命派借由日本渠道展开了对社会主义经济思想的初步探求。

表3–1　资产阶级革命派主要留学人物留学简况

姓名	籍贯	出生年	留学情况	主要作为
孙中山	广东	1866	1896年留日	提出民生主义经济思想
朱执信	广东	1885	1904年留日	对马克思的经济学说进行片段介绍
宋教仁	湖南	1882	1904年留日	传播“处于萌芽状态的早期社会主义经济思想”
廖仲恺	广东	1877	1902年留日	探讨“社会主义经济思想之来源”
马君武	广西	1881	1902年留日	以所学之经济“图工业之发展”
胡汉民	广东	1879	1902年留日	主张“土地国有”及有关“一切自然独占之事业”的“大资本国有”

（续表）

姓名	籍贯	出生年	留学情况	主要作为
冯自由	广东	1882	旅日侨商家庭出身，1900 年肄业于东京专门学校	批判资本主义的两极分化，主张“平均地权”与“大资本国有”

一、孙中山：提出“民生主义……不外土地与资本问题”命题

作为民主革命的先行者，孙中山是我国最先倡导社会主义思想并可能早已对西方经济思想有所研习的早期思想家。孙中山的社会主义经济思想集中体现在他以节制资本和平均地权为核心的民生主义思想上，正如他自己所说："民生主义……不外土地与资本问题。"[1] 孙中山提出的民生主义思想，不仅是他试图运用社会主义思想分析和解决中国现实问题的工具，而且对今后社会主义思想的进一步发展具有极大的借鉴意义和参考价值。

根据史料记载，孙中山的民生主义思想最早可追溯至 1894 年的《上李鸿章书》，他在书中多次提及“生民之命脉”“民间养生之事”“国计民生”等问题；兴中会成立时，亦言明“兴大利以厚民生”。这充分证明了孙中山对中国传统民生思想的“因袭”，同样也是其民生主义经济思想得以形成的内在渊源。此后，孙中山 1897 年在伦敦时“研究了马克思、乔治、穆勒、孟德斯鸠以及其他人”[2] 的经济理论和学说，他自称此时“始知徒致国家富强，民权发达如欧洲列强者，犹未能登斯民于极乐之乡也。是以欧洲志士，犹有社会革命之运动也”[3]。而对西方经济思想的“规抚”，也成为了孙中山民生主义经济思想的外在渊源。但其真正与社会主义经济思想有较多接触，还是在 1897—1903 年旅居日本期间。在日期间，他和幸德秋水建立了密

[1] 张磊 . 孙中山思想研究 [M]. 北京：中华书局，1981：126.

[2] 史扶邻 . 孙中山与中国革命的起源 [M]. 丘权政，符致兴，译 . 北京：中国社会科学出版社，1981：119.

[3] 姜义华 . 大道之行——孙中山思想发微 [M]. 广州：广东人民出版社，1996：226.

切联系，并从中深入了解了日本明治维新后快速发展的动因，认为“夫人能尽其才则百事兴，地能尽其利则民食足，物能尽其用则材力丰，货能畅其流则财源裕。故曰：此四者，富强之大经，治国之大本也……试观日本一国，与西人通商后于我，仿效西方亦后于我，其维新之政为日几何，而今日成效已大有可观，以能举此四大纲而举国行之，而无一人阻之”[1]。由此产生了对社会主义认识的转变。此后更直言：“所询社会主义，乃弟所极思不能须臾忘者。”[2] 1905 年 8 月，孙中山在日本创建中国同盟会，11 月《民报》创刊,他公开倡导“三民主义”,认为“民生主义即时下底社会主义。诸君想想，兄弟提倡民生主义是在什么时候？今日国人才出来讲社会主义，已嫌迟了。但是社会主义底学说输入中国未久，兄弟将‘社会主义’原文译为‘民生主义’较好允当”[3],且“社会主义皆在民生主义涵盖下”。次年 12 月，孙中山发表《民报》创刊周年庆祝演说，进一步提出：“社会党所以倡民生主义，就是因贫富不均，想要设法挽救。”[4] 可见，孙中山在民生主义创立之初就已经将之等同于社会主义了。

每一时代的理论思维，都是特定历史条件下的产物，它在不同时代具有不同的表现形式,同时具有不同的内容。孙中山在对中国传统思想的“因袭”和对西方经济思想的“规抚”中,“斟酌国家社会之情形”[5],试图运用社会主义学说解决中国问题，逐步形成了民生主义经济思想。可以说，孙中山民生主义经济思想的孕育、形成和发展，与他对日本渠道的社会主义经济思想的吸收密不可分。

[1] 孙中山 . 孙中山选集 [M]. 北京：人民出版社，1981：9.
[2] 孙中山 . 孙中山全集：第 1 卷 [M]. 北京：中华书局，1981：228.
[3] 孙中山 . 孙中山全集：第 5 卷 [M]. 北京：中华书局，1985：476.
[4] 孙中山 . 孙中山全集：第 1 卷 [M]. 北京：中华书局，1981：327.
[5] 孙中山 . 孙中山全集：第 1 卷 [M]. 北京：中华书局，1981：509.

土地问题在民生主义中占有重要地位。1899 年，孙中山与同在日本的梁启超就是否实行土地国有问题进行过一次探讨。在孙中山看来，实行土地国有“必能耕者而后授以田，直纳若干之租于国，而无复有一层地主从中朘削之,则农民可以大苏”[1],充分表达了他实行土地国有化的主张。此后，他又把“平均地权”加入经济思想体系，并在《革命方略》中明确表达了平均地权的深刻内涵 :“文明之福祉，国民平等以享之。当改良社会经济组织，核定天下地价。其现有之地价，仍属原主所有 ；其革命后社会改良进步之增价，则归于国家，为国民所共享，肇造社会的国家，俾家给人足，四海之内无一夫不获其所。敢有垄断以制国民生命者,与众弃之！”[2] 概而言之，就是要从核定地价、照价纳税、照价收税、增加归公、由国民共享等五个方面解决土地问题，以改中国土地的现状。与土地问题相联系，资本问题为民生主义中的另一重要议题。孙中山始终关注社会经济生活的趋向，把资本视为历史发展的必然要素。对此，他严正批评了“宁肯停滞也不要资本主义发展”的观点，认为只有实行资本主义化，才能避免文明的恶果，确保社会发展免受经济的压迫。同时，他也注意到了资本主义发展过程中可能带来的因贫富差距而导致的社会危机。对此，他提出了“节制资本”和“国家社会主义”两种解决资本弊端的途径，并于 1912 年 12 月，在杭州作以“民生主义”为主题的演说时，具体提出实施民生主义的四大纲领 : 节制资本、平均地权、铁路国有、教育普及，尽量克服资本主义之流弊。正是因为对土地问题与资本问题的解释，才使得孙中山的民生主义经济思想日趋完善与丰富。

日本近代化的成功转型无疑对孙中山社会主义经济思想的形成起到

[1] 林家有，张磊 . 孙中山评传 : 下 [M]. 广州 : 广东人民出版社，2014 : 881.

[2] 孙中山 . 孙中山全集 : 第 1 卷 [M]. 北京 : 中华书局，1981 : 297.

了推动作用。和国内其他知识分子一样，孙中山对日本明治维新的意义给予了充分肯定，并指出“如果我们中国人人担当起国家义务，学习日本维新志士改革日本的精神”，一切以经济工作为中心，则“日本维新须经营三十余年,我们中国不过二十年就可以”[1]实现“比日本富强十倍”的目标。而他在日期间学习吸收、加以转化的先进思想，正是对这一认知的准确解释。从根本上看，孙中山的民生主义经济思想，具有积极的社会意义，实现了经济思想与中国实际问题的结合。但是我们也应该看到，孙中山尚未把握资本的本质特性，而是单纯沿袭西方经济思想的内容，使之无法避免陷入空想社会主义的思想泥淖之中。

二、朱执信：以“马克思救济之策”探讨经济问题

资产阶级革命派思想家朱执信，是日本渠道的社会主义经济思想在中国传播的关键人物。其社会主义经济思想的形成，一方面来源于对中国传统经济思想的承继，另一方面又源于对西方经济思想的认同，同时又与之在日期间受到的流行于日本的经济思想的熏陶密不可分。在日本留学期间，朱执信就读于东京法政大学，“专心研究经济科”[2]，对经济学颇有研究，他不仅认可与接受了在当时日本流行的社会主义经济思想，而且“试着把那种尽管还是处于萌芽状态的早期社会主义思想传播到中国来”[3]。在此之前，社会主义经济思想的传入，以 1902 年、1903 年间从日本引进的几本著作为主。中国早期思想家以其为蓝本，采取节译、转译方式进行介绍或评论，而自 1906 年起，朱执信先后发表了《德意志社会革命家列传》《论社会革命当与政治革命并行》等文章，专门评介社会主义经济思想，开启了国人

[1] 林家有．孙中山国家建设思想研究 [M]. 广州：广东人民出版社，2013：126.
[2] 贾逸君．中华民国名人传：上 [M]. 北京：北平文化学社，1937：94.
[3] 何香凝．回忆孙中山和廖仲恺 [M]. 北京：中国青年出版社，1963：8.

早期著述之先河。

此处以《德意志社会革命家列传》中的部分内容为例证进行分析。

《德意志社会革命家列传》[1]是朱执信第一篇介绍马克思主义的文章，标志着他社会主义思想的萌芽。起初他撰写此文的目的，在于以马克思主义的部分观点为资产阶级革命运动寻找理论武器，思想较为激进，但是他后来对资本实质的认识和论述，又表现出他社会主义经济思想上的完善与提升。在《德意志社会革命家列传》中，朱执信对《共产党宣言》和《资本论》进行了简单介绍，并对马克思的剩余价值理论和资本积累学说进行了论述，认为"前乎马尔克（即马克思——引者注），言社会主义而攻击资本者亦大有人。然能言其毒害之所由来，与谋所以去之之道何自者，盖未有闻也"[2]。在他看来，"马尔克所取救济之策则有两方：一为《共产主义宣言》中所举十条。一则为农工奖励银行之设置也"[3]。本文从以下两点展开论述：

一是关于《共产党宣言》的片段介绍。由于受到福井准造《近世社会主义》和幸德秋水《社会主义神髓》的影响，朱执信在对《共产党宣言》进行片段介绍的过程中，根据实际情况进行了引用和转述。他认为"资本家者，啮粱肉，刺齿肥，饱食以嬉，至于今兹，曾无复保其势位之能力，其端倪亦既朕矣。故推往知来，富族之必折而侪于吾齐民，不待龟筮而了也"[4]。而要改变这种现状，就必须"探之其本原以求正焉"。对此，朱执信在介绍经济思想的过程中，认真分析了资本主义社会贫富差距出现的根本原因，指出社会经济组织结构可能对社会革命产生的影响，并根据幸德秋水和堺利彦的日语译本，首次翻译了《共产党宣言》中提出的社会的、经

[1] 载于《民报》1906 年第 2、3 号，署名蛰伸。
[2] 朱执信 . 朱执信集：上 [M]. 北京：中华书局，2012：10.
[3] 朱执信 . 朱执信集：上 [M]. 北京：中华书局，2012：15.
[4] 朱执信 . 朱执信集：上 [M]. 北京：中华书局，2012：10.

济的十条纲领。同时，他采用译述结合的方式逐一介绍了十条纲领的具体内容，指出要构建进步的社会，就必须因国情需要转变应对方式。

表 3-2 《共产党宣言》十条纲领译文比较

朱译文	今译文
（1）禁私有土地	（1）剥夺地产，把地租用于国家支出
（2）课极端之累进税	（2）征收高额累进税
（3）不认相续权	（3）废除继承权
（4）没收移居外国及反叛者之财产	（4）没收一切流亡分子和叛乱分子的财产
（5）由国民银行及独占事业集信用于国家	（5）通过拥有国家资本和独享垄断权的国家银行，把信贷集中在国家手里
（6）交通机关为国有	（6）把全部运输业集中在国家手里
（7）为公众而增加国民工场中生产器械，且于土地加之开垦，更时为改良	（7）增加国营工厂和生产工具，按照总的计划开垦荒地和改良土壤
（8）强制为平等之劳动，设立实业军	（8）实行普遍劳动义务制，成立产业军，特别是在农业方面
（9）结合农工业，使之联属，因渐泯邑野之别	（9）把农业和工业结合起来，促使城乡之间的对立逐步消除
（10）设立无学费之公立小学校，禁青年之执役于工场，使教育与生产之事为一致	（10）对一切儿童实行公共的和免费的教育。取消现在这种形式的儿童的工厂劳动。把教育同物质生产结合起来

注：朱译文详见广东省哲学社会科学研究所历史研究室 . 朱执信集（上）[M]. 北京：中华书局，2012：11-13；今译文详见中共中央马克思恩格斯列宁斯大林著作编译局 . 马克思恩格斯选集（第 1 卷）[M]. 人民出版社，2012：421-422。

对比朱译文与今译文，二者整体内容较为贴近。可以说，朱译文是关于十条纲领较为准确的译文。为便于理解，他专门针对个别条款添加了注解，比如：在第 2 条“极端之累进税”（今译“高额累进税”）中，对英、法、德等一些学者主张实行累进税的观点表示赞同，指出此为最上策之法，成效显著。但考虑目前实行的累进税，又“不足以抑富家”，加上对累进税的封顶，“故效不大见”。在第 3 条“不认相续权”（今译“废除继承权”）中，他认为马克思所说的废除“相续权”与日本的“继承户主权”不同，同时表示了他对废除继承权的怀疑等。通过这些注释可以看出，朱执信在当时已经具备了较为丰富的经济学知识，他运用这些知识对《共产党宣言》中提出的经济政策部分进行了很好的阐释。不过，在文后他又援引了宣言第一章末尾的一段话：

今者资本家雇主无复能据社会上之阶级矣，彼辈无复能使其所以生存之现组织为支配此社会之法则矣。故彼既不足支配社会。何则？彼辈使凡劳动者，虽方供役于彼犹不得以全其生故也。夫彼等既使劳动者贫困使至为穷民而不可不扶养矣。[1]

而此译文的本义是：

随着大工业的发展，资产阶级赖以生产和占有产品的基础本身也就从它的脚下被挖掉了。它首先生产的是它自身的掘墓人。资产阶级的灭亡和无产阶级的胜利是同样不可避免的。[2]

通过对比可知，朱执信把原文的“bourgeoisie”译为“资本家雇主”，“slave”统称为“劳动者”，其本意是说明资本家不能再进行对社会的支配，二者间明显存在较大出入。但是朱执信是根据当时时代语境的需要进行的转述，是针对特定内容和概念进行的选择，而他对十条纲领的选择和释译正迎合了中国急于寻找具体行动指南的历史现实。

二是关于《资本论》的片段介绍。朱执信对《资本论》的评介较为简单，在他看来，马克思在“学理上之论议尤为世所宗者，则《资本史》及《资本论》也”[3]。在文中，他主要分析了马克思关于资本掠夺的理论，

[1] 朱执信．朱执信集：上 [M]. 北京：中华书局，2012：13.

[2] 中共中央马克思恩格斯列宁斯大林编译局．马克思恩格斯选集：第 1 卷 [M]. 北京：人民出版社，2012：412－413.

[3] 朱执信．朱执信集：上 [M]. 北京：中华书局，2012：13－14.

并作出如下概括："马尔克以为：资本家者，掠夺者也。其行，盗贼也。其所得者，一出于朘削劳动者以自肥尔。"[1] 他言简意赅地把马克思认为"资本家像盗贼一样掠夺劳动者"的理论阐释出来，并认为马克思这一命题源自李嘉图所言：

凡财皆从劳动而出，故真为生产者，劳动之阶级也。然则有享有世间财产之权利者，非劳动者而谁乎。此所谓劳动者，固亦不限于肢骸，指挥监督之劳，非所不与，然而不可无别于其难易也……夫今后产业所资于固定资本者正多，劳动者之地位乃将愈降而不返。是亦理之所难容者也。经济学者以资本为蓄积之结果，是阿合中等社会之意以立说者耳，不足为道。且假令诚由蓄积，宁非夺之劳动者而蓄积之者也耶。[2]

朱执信虽然对马克思的理论表示认同，也在介绍马克思关于资本的论述中注意到了资本或者资本家掠夺的性质，但是，他也驳斥了经济学者"以资本为蓄积之结果"的辩护，并阐述了自己的观点：

夫资本固非一切为从掠夺得，蓄积之事，往往亦自劳动……故马尔克之言资本起源，不无过当，而以言今日资本，则无所不完也。往者蓄积所生之资本甚微，而其得大，以有今日者，以取息。故其取息之苛重，实同掠夺，此无可诿解者也。一人劳动终身，其蓄积所得者，不足以供资本家一日之费也。资本家昔所蓄积者明既费消，今所有者全非由于蓄积，特以蓄积所得为刀斧鸩毒以劫取之者耳。[3]

[1] 朱执信．朱执信集：上 [M]. 北京：中华书局，2012：14.
[2] 朱执信．朱执信集：上 [M]. 北京：中华书局，2012：14.
[3] 朱执信．朱执信集：上 [M]. 北京：中华书局，2012：16.

由上可知，朱执信在介绍马克思的学说时，虽然认同马克思关于资本来源于掠夺的学说，但是，他却错误地把生产资料都看作资本，认为小生产者的生产资料并不适用于马克思关于资本来源于掠夺的学说。此外，他在论述马克思关于资本的学说时，还转述了马克思对近代社会改良的看法，认为资本主义经济的发展会导致劳动者的日益贫困，实属“资本家之利，劳动者之害”。

通过上文对朱执信社会主义经济思想的整理发现，他对马克思的经济学说形成了较为系统、全面的认识，并恰当运用了马克思的部分经济思想以解决中国社会问题。但从总体上看，他在评介和运用的过程中没能准确领悟马克思的阶级斗争学说和剩余价值理论，仍然具有一定的历史局限性。

三、宋教仁：传播“处于萌芽状态的早期社会主义经济思想”

在孙中山早期同盟会的支持者中，探索和研究社会主义经济思想的代表人物，首推朱执信，其次数宋教仁的贡献最大。在日留学期间，他先后就读于东京法政大学和早稻田大学，并于 1905 年在东京法政大学速成科学习了法学通论、民法、商法、国法学、行政法、刑法、国际公法、国际私法、裁判所（即法院）构成法、民刑诉讼法、经济学、财政学、监狱学、地方制度、警察学等[1]主要科目；次年又于早稻田大学预科学习，专心研究政治经济等学科。他广泛涉猎当时流行于日本的报刊和著作，欣然接受了在日本广为传播的社会主义经济思想，并尝试将其传入到中国。可以说，宋教仁对社会主义经济思想的关注始于 1906 年在日本留学期间，这里以

[1] 迟云飞 . 陈天华、宋教仁留日史事新探 [J]. 近代史研究，2005（6）：205-212.

他的两篇日记进行佐证：

1906年1月1日："偕至宫崎滔天家贺年，晤得滔天兄宫崎民藏，日本之社会主义者也，谈良久。"[1]

1906年1月18日："戌初，至宫崎滔天家。滔天未归，晤其兄民藏，谈良久，出其所著《人类之大权》一书观之，言平均土地之说者也。"[2]

这两篇日记，较为直观地反映出宋教仁最早接触社会主义经济思想是受到了宫崎民藏等社会主义者的影响。而宋教仁与孙中山的结识，参与建立同盟会等，都是通过宫崎民藏的引荐。由于受到宫崎民藏思想的影响，宋教仁曾花费大量时间翻译《露国之革命》一文，并以《一千九百零五年露国之革命》为名发表于《民报》1906年4月和9月发行的第3号和第7号上，较为详细地介绍了俄国社会主义运动和俄国共产党的情况，突出强调了俄国工人总罢工的情形：

圣彼得堡职工之响应，为昨年一月二十一日之大骚动是也。盖传播自由主义社会主义于职工及农民间，而使之投入革命党者，此既往四十年间革命党所皆劳心焦思者也。夫欧洲劳动问题之大势，前已侵入露国而不能拒矣，况有域提曾为多年藏相者之产业政策适足以诱之耶……则露国劳动社会之夙受影响于西欧之劳动问题，无可疑矣。[3]

在这篇文章中，宋教仁阐释了民主宪政终将取代专制独裁的观点，不仅把采用暴力手段推翻政府统治放到了突出的位置，而且把俄国因社会矛盾而激发的社会主义运动作为中国革命活动的借镜，体现出他对社

[1] 宋教仁 . 宋教仁日记 [M]. 长沙：湖南人民出版社，1980：113.
[2] 宋教仁 . 宋教仁日记 [M]. 长沙：湖南人民出版社，1980：121-122.
[3] 宋教仁 . 宋教仁集 [M]. 北京：中华书局，1981：29.

会主义问题的关注与重视。但是,《一千九百零五年露国之革命》只是宋教仁社会主义经济思想形成过程中的一个分支，是他对社会主义运动的初步了解，而他此后在1906年翻译的《万国社会党大会略史》[1]，才是他早期社会主义经济思想形成的重要体现。他在文章开篇“绪论”部分就首先提出了“世界之问题”该如何解决的命题，突出强调人类社会两大阶级“富绅Bourgeois与平民Proletarians”的作用，并引用马克思《共产党宣言》中的结束语作为例证：吾人之目的，一依颠覆现时一切之社会组织而达者，须使权力阶级战栗恐惧于共产的革命之前，盖平民所决者，惟铁锁耳，而所得者，则全世界也[2]。其次，他依次介绍了“万国社会党之起原”“第一回巴黎万国社会党大会”“第二回比律悉万国社会党大会”“第三回租利希万国社会党大会”“第四回伦敦万国社会党大会”“第五回巴黎万国社会党大会”“第六回安斯德旦万国社会党大会”[3]的具体内容，揭示了国际共产主义运动的基本情况。当然，单纯从他的日记与译文中考察他对马克思经济学说的认识，难免有失偏颇，毕竟其以他人著述为蓝本，记述的只是他接触社会主义思想的大致范围。如果我们在考察他对社会主义运动认识的同时，着眼于其译文在马克思经济学说在中国早期传播历史沿革中的地位和作用，则不难发现其经济思想的价值指向。此处以“工人阶级斗争立场，叙述马克思经济思想”为例进行说明。

宋教仁以为，当前掠夺阶级与被掠夺阶级的阶级划分，建立在“独占生产之机关”与“以劳力而被其役使”的不平等经济关系基础之上，因此，

[1]“万国社会党”，今译为第二国际。本文原载于日本《社会主义研究》，是由日本早期社会主义者堺利彦、幸德秋水、片山潜等人创建的，日文版《共产党宣言》的首次刊登也在此刊物上。这篇译文主要介绍了第一国际解散后，第二国际的建立以及前六次代表大会的召开情况。

[2] 宋教仁. 宋教仁集 [M]. 北京：中华书局，1981：41.

[3] 依次为：巴黎代表大会、布鲁塞尔代表大会、苏黎世代表大会、伦敦代表大会、巴黎代表大会和阿姆斯特丹代表大会，即第二国际的前六次代表大会。

马克思指导成立“万国劳动者同盟”，“为经济的情势必然之结果也”，其目的亦在于“使一切之生产机关为国家所有”[1]。然后，他根据第二国际召开的六次代表大会，逐一介绍了历次大会之中的经济内容。其中包括：巴黎代表大会中提出的实行八小时劳动时间，保护妇女和童工的合法权益，改善劳动条件等决议；布鲁塞尔代表大会中，为“使劳动者之政治的及社会的地位在现今社会就可能之范围中，而向上发展者也”，又鉴于政府与资本家的企图，日益威胁“劳动阶级之经济的状态”，提出设立劳动者团体，并加强各国社会党的联系，以便于在“资本与劳动者之间而起争斗时”[2]，能够团结各国劳动者之力加以抵抗；在阿姆斯特丹代表大会上，为改变“由资本家制度所生之政治上及经济上之状态”，排除社会矛盾所带来的干扰，再次提出实行八小时劳动时间，并规定“每年五月一日之劳动祭日须休业”[3]；等等。这里需要注意的是，宋教仁的译文考察的重点，并不在马克思经济理论本身，而是通过各种经济理论所派生出的经济斗争措施，具有较强的现实意义。

除宫崎寅藏、宫崎民藏外，宋教仁还通过与日本各界人士进行交流，对西方发展资本主义的措施尽数了解，逐渐形成其特有的经济思想。与此同时，宋教仁在日本期间，不仅撰写了《俄人运动蒙古矿产》一文，而且在研究西方资本主义经济制度的过程中，翻译了《比较财政学》等多部经济学书籍，使得其早期社会主义经济思想融合了各家之言，内容更加丰富。

[1] 宋教仁．宋教仁集 [M]. 北京：中华书局，1981：41-43.
[2] 宋教仁．宋教仁集 [M]. 北京：中华书局，1981：45-46.
[3] 宋教仁．宋教仁集 [M]. 北京：中华书局，1981：54-56.

表 3–3　宋教仁交往过的部分日本人列表

姓名	简历
永井瞻一	永井德子之父，无政府主义者
小川升一郎	其日译汉文稿《国民与战争之关系》，请宋教仁修改，后该文刊于《二十世纪之支那》
宫崎寅藏	热心支持中国革命，与孙中山、黄兴、宋教仁均为好友。与宋交往甚多，帮助亦大
末永节	别号狼啸月，日本黑龙会会员，参加兴中会、同盟会
清藤幸七郎	号吞宇，日本黑龙会会员，曾参加兴中会
宫崎民藏	宫崎寅藏之兄，社会主义运动活动家。曾与宋教仁探讨社会主义问题，并介绍其认识俄国革命志士、社会主义者彼尔斯特基（ビルストスキ）
内田良平	号硬石，日本黑龙会首领，参与兴中会活动。1905 年 7 月 30 日同盟会筹备会，系在其黑龙会会所举行。内田支持日本侵略中国与朝鲜，故宋教仁在《东亚最近二十年时局论》中直指内田良平是煽动朝鲜内乱、挑起甲午战争的祸首
前田九二四郎	宫崎寅藏内弟，曾参与同盟会活动

注：本表所列人物均出自《宋教仁日记》，此处仅列出部分重要人物。

通过上文论述可知，宋教仁传播社会主义经济思想的途径，主要依靠于译介日本书籍，集中介绍了马克思及其经济学说，并把它们传播到早期中国。可以说，他为传播“处于萌芽状态的早期社会主义经济思想”做出了巨大贡献，是经济思想早期传播史上最重要的人物之一。

四、廖仲恺：从社会主义运动中“追溯社会主义经济思想之来源”

1902 年秋廖仲恺东渡日本留学时，正值日本社会主义运动刚刚勃兴之际，以片山潜、幸德秋水等为代表的社会主义思想家的著述在中国留学生中引起了强烈反响，从而激起了一部分留日学生翻译、介绍社会主义思想著述的热潮。正是在这种热潮的推动下，廖仲恺接触了不同流派的社会主义思想，并开始了对社会主义学说和社会主义运动的初步研究。

1. 廖仲恺对早期社会主义著述的节译

由于受到孙中山平均地权、土地国有等经济思想的影响，廖仲恺仔细研读亨利·乔治的《进步与贫困》后进行了选择性翻译，并接受了亨利·乔治的“单税社会主义”思想，认为解决中国问题的关键就在于实行平均地权。在他看来，“民生主义这四个字，我们是有个具体的内容给它的，这就是我们‘平均地权’一个目的，就是我们要拿土地政策来做解决社会经济问题的手段”[1]。然而，亨利·乔治的“单税社会主义”思想，在本质上属于资产阶级改良主义的一种。由于他并未认清社会生产方式的根本性质，仅单一地讨论利润、地租、利息的关系，因此忽视了资本主义制度的固有症结。但是，孙中山、廖仲恺平均地权思想的提出，有其特殊的时代背景，加之对“单税社会主义”思想的片段式引用，对当时的中国产生了一些积极影响。此外，廖仲恺还译介了威廉·布利斯的《社会主义手册》，对他早期社会主义思想的形成产生了重要影响。

廖仲恺在翻译过程中，仅针对其中两个部分进行了译介，一部分题名《社会主义史大纲》[2]，另一部分题名《无政府主义与社会主义》。这两篇译作在向国人介绍社会主义思想的同时，也输入了马克思的相关学说。其中，在《社会主义史大纲》一文中，他首先以添加按语的方式进行了介绍：

此篇为 W.D.P.Bliss 氏所著 *A Handbook of Socialism* 一节。柏律氏为基督教社会主义者，故与麦喀氏、英盖尔等其观察之点，不无少为异同[3]。然吾人为初学之研究，则正乐得有所比较，而提揭短长也。爰介绍之于我国

[1] 尚明轩，余炎光．双清文集：上 [M]. 北京：人民出版社，1985：325.
[2] 此文发表于《民报》1906 年 9 月 5 日第 7 号。
[3] 柏律氏：今译为布利斯。麦喀氏：今译为马克思。英盖尔：今译为恩格斯。

学界读者，幸与《万国社会党大会小史》对照之可也。[1]

在廖仲恺看来，布利斯的基督教社会主义与马克思、恩格斯的观点存在一定差别，将二者进行比较研究，能够直接揭示出二者的异同。此外，也可与宋教仁译自日本《社会主义研究》杂志的《万国社会党大会略史》互为对照，从不同角度考察西方社会主义思想的历史进程。值得一提的是，他在文中把社会主义发展划分为五个时期：一是法兰西革命后至 1817 年（准备期），二是 1817—1848 年（理想期），三是 1849—1963 年（反动期），四是 1864—1872 年（万国劳动者同盟时代），五是万国劳动者同盟时代至 1880 年以后（社会主义民主主义期）。[2] 上述所列五个时期表明，"社会主义之运动，为国民的同时而为万国的"[3]，万国劳动者同盟的建立，只是万国联合运动的第一步，近年召开的历次代表大会，均以产业经济和政治发展为纲领，如此才有"步步引人入胜之观"。此外，廖仲恺认为"大陆诸国，其经济上产业上之发达，各异其度，故其同盟，亦各因其国情，而为种种之形式"[4]，各国社会主义运动的形式，能够为中国的革命活动提供现实参照，并以此为基回答"近代中国究竟应该'选择应用'资本主义还是社会主义的大问题"[5]。

在廖仲恺的诸多译述中，除《社会主义史大纲》外，他还译介了久津见蕨村的《欧美之无政府主义》，并以《无政府主义之二派》为题发表在《民报》1906 年 10 月 8 日第 8 号上，与布利斯的著作进行比较，重点从理论学说与党派纲领出发，突出社会主义经济方面的内容。《虚无党小史》一

[1] 尚明轩，余炎光．双清文集：上 [M]. 北京：人民出版社，1985：7.
[2] 尚明轩，余炎光．双清文集：上 [M]. 北京：人民出版社，1985：13.
[3] 尚明轩，余炎光．双清文集：上 [M]. 北京：人民出版社，1985：15.
[4] 尚明轩，余炎光．双清文集：上 [M]. 北京：人民出版社，1985：14.
[5] 宋士堂．论"五四"前廖仲恺对社会主义的探索 [J]. 历史档案，1991（4）：112-120.

文则出自烟山专太郎《近世无政府主义》第三章，他在这篇译文中多次提到社会主义经济思想，尤其偏爱于介绍马克思的《资本论》，这也为我们认识马克思及其经济思想起到了一定作用。

2. 廖仲恺社会主义经济思想的特点

廖仲恺社会主义经济思想的形成与孙中山、朱执信、宋教仁有较大区别，综合来看，包括以下两点：第一，偏重于介绍国外社会主义经济思想，这主要体现在他发表的几篇译作中，比如，《进步与贫乏》《社会主义史大纲》《无政府主义之二派》《无政府主义与社会主义》《虚无党小史》等，特别是突出强调了经济思想的形成与社会主义运动之间的密切联系。第二，强调译而不著，在他看来，思想的阐发需要建立在真实的思想意图上，不能简单堆砌别人的思想，“专译泰西各国名著”的目的在于“以导我先路”，先深入研究再发表观点。这也是廖仲恺早期单纯介绍西方社会主义思想、介绍马克思的经济学说只译不著特点的由来。

诚然，廖仲恺与朱执信、宋教仁一样，是同盟会的早期支持者和热心介绍社会主义思想的代表人物。他们悉心研究了各类社会主义思想学说，对马克思的经济思想有了较为深刻的认识，虽然观点、理论不尽相同，但是他们的文章彼此呼应，在《民报》这一舆论阵地作用下，树起了早期传播社会主义经济思想的旗帜。

表 3–4　朱执信、宋教仁、廖仲恺社会主义经济思想比对

	涉及的理论内容	论述的主要经济观点
朱执信	介绍马克思的生平事迹，试图概括其学说的理论要点，并对社会问题加以理论分析	涉及诸多经济学名著，率先介绍十条纲领，粗略分析了劳动价值论和剩余价值论
宋教仁	以介绍国际工人运动史为主，重在叙事	重点介绍工人经济斗争思想，叙述第二国际前期历次代表大会讨论通过的经济政策及主张
廖仲恺	介绍极为简略，较少触及理论内涵	较少提及马克思的经济学说

总之，孙中山最先倡导学习西方社会主义先进思想，在这一先导作用的影响下，朱执信、宋教仁、廖仲恺等人纷纷加入宣传社会主义思想的主阵地，掀起了一轮介绍社会主义经济思想的热潮。从根本上看，资产阶级革命派虽然在介绍社会主义经济思想时表示支持和认可，但是却没有脱离资产阶级立场，而是抱着预防资本主义弊端的主观愿望译介，这就从根本上歪曲了社会主义经济思想的本质。当然，资产阶级革命派对社会主义经济思想的介绍和传播起到了积极作用，他们尖锐地揭露欧洲资本主义制度的弊端，驳斥了资产阶级改良派对社会主义的污蔑，相信中国能实行他们所主张的社会主义，这也从一个侧面反映出了他们思想的先进性。

第二节　无政府主义者对社会主义经济思想的选择与传播

在国际共产主义运动史上，无政府主义者曾与各国社会主义者进行过数次较量，经历了思想上的博弈和交锋，直至被逐出第一国际。然而，中国早期的无政府主义者却与欧美无政府主义者有所不同，他们为社会主义经济思想传入中国开辟了一条特殊路径。其中，以刘师培、江亢虎等为代表的无政府主义者对社会主义经济思想的认识和态度，主要是受到了日本社会主义思想家幸德秋水、堺利彦等人的影响，因为熟知他们在宣传和介绍西方经济思想中的巨大贡献，便自然而然地接受了“经济变迁实一切历史之枢纽”的观点，并以此为基展开了对社会主义经济思想的传播和介绍。

一、刘师培：认为“社会主义之目的……财产之平均”

刘师培对马克思经济学说或社会主义学说的评介，集中体现在他的《欧洲社会主义与无政府主义异同考》和他为《共产党宣言》作的序上。前文意在说明社会主义与无政府主义互为表里，后者则体现出刘师培对马克思学说的认可与支持，二者同时反映出以刘师培为首的无政府者社会主义经济思想的价值旨趣。

《欧洲社会主义与无政府主义异同考》从考察欧洲社会主义运动的源流入手，将18世纪末日益昌盛的社会主义按其立说根据，划分为三派：宗教派、哲学派、科学派。其中说道："有以科学为根据者，则始于犹太人，一为马尔克斯，一为拉萨尔。彼以海克尔（黑格尔）之说涉于空谈，乃从事于实际之经验，以倾向物质主义。"[1] 由此可以看出，刘师培起初是将马克思和拉萨尔作为科学社会主义创始人的，表现出他对实际经验、物质主义的认同，但是却错误地把恩格斯的《社会主义从空想到科学的发展》张冠李戴地套到马克思头上。文中认为，三派之间虽有差异，却都存在"共同之意"，即"凡生产上物质之机关，均易私有为公有；凡产业社会之制度，均易为合同经营之制度；以社会收入之财，分配社会，以期经济之平等"，以突显他们对于经济问题的关注。同时，他尝试性地把社会主义发展划分为五个时期，并把马克思、恩格斯于1848年发表的《共产党宣言》作为社会主义发展的时代标志，这也为其此后专为《共产党宣言》一文作序奠定了基础。除了证明"社会主义多与无政府主义相表里"之外，他还认为社会主义的本质就是实现财产平均，并指出"共产的无政府主义"的目的正与此相等同。可以说，刘师培的这篇文章，更多的是强调无政府主义与社会主义的相同点，企图证明二者在经济问题上的统一性，但是关注点多集中于对马克思学说的评介，具有一定的局限性。

---

[1] 谈敏．回溯历史——马克思主义经济学在中国的传播前史：上 [M]. 上海：上海财经大学出版社，2008：622-623.

这里需要注意的是，由于刘师培受到幸德秋水所译《共产党宣言》一书的影响，他在1908年春发表了《〈共产党宣言〉序》。他在序文中介绍了《共产党宣言》产生的背景和经过，把“财产支配”归到了社会发展的中心，并作出了正面认可的评价：“若此宣言，则中所征引，罔不足以备参考。欲明欧洲资本制之发达，不可不研究斯编。复以古今社会变更均由阶级之相竞，则对于史学发明之功甚巨；讨论史编，亦不得不奉为圭臬。”以上文章皆刊登于《天义报》。此外，《天义报》上还刊登了何震的《经济革命与女子革命》一文，他认为：“马氏等所主共产说，虽与无政府共产主义不同，而此所言则甚当。彼等之意，以为资本私有制度消灭，则一切私娼之制自不复存，而此制之废，必俟经济革命以后，可谓探源之论矣。”[1]景定成的《罪案》也以回忆录的方式，回顾了他在1907年通过日本社会党人的讲习会，获知马克思《资本论》中剩余价值的情况。他认同了“经济学上关于社会主义方面的政策”，以通俗易懂的方式，突出强调了马克思的剩余价值理论。

通过对上述文章的梳理，可以发现，早期马克思经济学说向中国的传入，由先前零碎敲打式的片段摘译，开始跨入较为完整地翻译其代表作阶段，根据这些翻译成果，国人可以更加全面、系统地了解马克思主义经济学说。虽然这些译文都无法摆脱那个时代的印记，但是从经济理论的角度来看，却不乏出现一些新观点、新论调。比如，资产者与无产者的经济含义，工人群众在资产阶级经济斗争中的作用，无产者必须保障私有财产，等等。这些观点以一种相互衔接和前后连贯的逻辑形式被表达出来，体现出了当时“天义派”思想上的一大飞跃。但是，他们在译介中明显受到了无政府

[1] 引自《天义报》1907年12月第13、14卷。

主义的束缚，刘师培一度认为共产主义会渐融于集产主义中，导致财产支配出现分崩离析；民鸣在介绍《共产党宣言》“大要”时，将无政府主义思想掺杂其中，采取夹叙夹议的方式进行论述，难免造成原意失真的情况。

二、江亢虎：以“社会主义”改造现存经济制度

自1901年起，江亢虎曾三次赴日留学，深受日本社会民主主义和无政府主义的双重影响，与日本社会主义运动领导人幸德秋水、片山潜等建立了深厚的友谊。在他看来，社会主义经济思想在中国，“鼓吹必更易，赞同必更多，推行必更速”[1]。正是基于这种认识，他立志倡导社会主义经济思想，并试图把西方的社会主义思想与中国传统的儒家思想联系在一起，提出“社会主义”主张，这也是其社会主义经济思想的集中体现。

其中，“三无主义学说”的提出，便融合了江亢虎留日期间的思想精华。他主张遵循“由有宗教转变而为无宗教，由有国家变而为无国家，由有家庭变而为无家庭”[2]的观点，并认为这才是真正意义上的社会主义。而对于政治经济上的发展，他明确提出“土地、资本、机器三者当归公有，教育、实业、交通三者当归公营，军备、赋税、刑罚三者当由减免以达于消灭”[3]，由此才能够建立社会主义社会。1911年7月，他在上海张园发起成立“社会主义研究会”，后组织成立中国社会党，先后出版了《社会星》《新世界》等刊物，致力于介绍社会主义经济思想。综合来看，他的“社会主义”思想包括三个方面：教育公共、营业自由和财产独立，其中，财产独立是其

[1] 江亢虎．洪水集[M]//林代昭，潘国华．社会主义在中国的传播与实践．北京：北京大学出版社，1991：101.

[2] 江亢虎．洪水集[M]//林代昭，潘国华．社会主义在中国的传播与实践．北京：北京大学出版社，1991：101.

[3] 林代昭，潘国华．马克思主义在中国——从影响的传入到传播：上[M]．北京：清华大学出版社，1983：401.

经济思想的重要体现。他认为："财产必由自力得来，其支配权即以有生时期为限，虽父子兄弟夫妇，界画较然，不相嬗迭，死后一律充公。社会公共事业，如教育等费，即取资焉。如此则倚懒之劣根性除，而世袭遗产之恶制度绝矣。"[1] 从他的思想内容中，我们可以看出，他在一开始探讨社会主义时便带有浓厚的资产阶级改良主义和无政府主义色彩。同时期，他也广泛地吸收了不同流派的社会主义思想，比如第二国际的社会改良主义、亨利·乔治的"专征地税"思想以及马克思的经济思想，等等。他在《社会主义学说》一文中提到的"各国社会主义学者，鉴于将来社会革命之祸，汲汲提倡马尔斯之学说，主张分配平均，求根本和平之解决，以免激烈派之实行均产主义，而肇攘夺变乱之祸"[2] 的思想，就是在亨利·乔治的影响下提出的。接着他又极度称赞"卡氏（即卡尔·马克思）之资本论，力翻经济学之旧案，主张土地资本为社会共有之物，而分配之比例，当准劳力为报酬，拨云见天，其功至伟"[3]。从中不难发现，江亢虎整体的社会主义经济思想中带有明显的改良性与不彻底性，他虽然极力鼓吹社会主义思想，但是却简单地把它归结为遗产归公和征收地税；他虽然提倡社会主义，但是却把社会主义简单化，指出社会主义只能成为一面旗帜，而不能真正实行。如此看来，他只是采用一种标榜和投机的态度谈论社会主义学说，并未看清社会主义的本质。此后，由于反动势力对当时各种社会主义思潮的打压，中国社会党成立不到两年便宣告解散，江亢虎的"社会主义"经济思想也随之陷入低谷。

如果说，1905—1907 年间以孙中山为首的资产阶级革命派创办的《民

[1] 林代昭，潘国华．社会主义在中国的传播与实践 [M]. 北京：北京大学出版社，1991：102.

[2] 吴汉全，王中平．留学生与近代中国社会变迁 [M]. 长春：吉林人民出版社，2012：163.

[3] 沈骏．江亢虎的社会主义与中国社会党 [J]. 华中师范大学学报（哲学社会科学版），1989（2）：120-127.

报》是传播社会主义学说的主阵地，既初步回答了资产阶级改良派对于理解和运用马克思经济观点的若干质疑，又将社会主义经济思想的传入，从以往的单纯介绍，提升到作为理论根据的研究层面，并为社会主义经济学说的引进和从正面加以宣传和评介，创造了难得的氛围和条件。那么相比较而言，无政府主义者创办的《天义报》和《新世纪》等刊物则逊色很多，它们只是辅助性地传播社会主义经济思想。但是在 1908 年后，无政府主义者对社会主义学说进行了较为集中的介绍，不仅引进了西方经济思想，而且在此基础上提出了带有无政府主义色彩的经济思想。这些思想曾给中国人民带来了新的迷惘和困惑，但是也使中国先进分子逐步认识到社会主义思想的先进性。

第三节　具有初步共产主义思想的知识分子对社会主义经济思想的选择与传播

五四运动前，尽管中国共产党尚未诞生，但是当时已经产生了大批具有初步共产主义思想的知识分子。他们中的大部分人都有过留日经历，在不同程度上受到了当时日本经济思想家河上肇、幸德秋水等人的影响，形成了各自对社会主义经济思想的理解和认同。其中，对传播社会主义经济思想影响较大的，主要有李大钊、陈独秀、李汉俊、李达等人。他们不仅传播了新思想、新理念，而且对此后的社会主义发展贡献了强大力量。

一、李大钊：形成“社会主义”经济学新概念

随着 19 世纪末 20 世纪初留学热潮的出现，李大钊也踏上了东渡求学之路。众所周知，李大钊东渡留学前曾就读于北洋法政专门学校，在当时

就聆听了日本政治家吉野作造的讲学，加之其“顾自视缺然不足所储，更欲游学日本，专究社会经济学，研考民生凋敝之原，探所以抑强横扶羸弱者，归而造德蚩蚩”[1]。1913年，李大钊首渡扶桑后，就读于日本早稻田大学，适逢日本早期社会主义学者安部矶雄在该校任教，“以社会主义立场讲授经济学，并对有关的社会问题进行先驱性的研究”[2]，激起了李大钊浓厚的学习热情。据查，安部矶雄曾给李大钊讲授过“都市问题”和“社会政策”等课程，对此，《早稻田大学百年史》这样描写道：“李大钊曾在大学部政治经济学科学习，深受安部矶雄经济学的影响。”[3]但是李大钊从他那里接触的只是零星的社会主义经济思想，并未形成深入系统的思想体系。此后，李大钊又专门学习了国家学原理等10门课程，并以研习经济学为主业，丰富了其经济思想。

表3–5 李大钊在日学习课程简表

教授姓名	课程内容	考试成绩
浮田和民	国家学原理	77
美浓部达吉	帝国宪法（政治学）	75
天野为之	应用经济学（经济学）	85
盐沢昌贞	经济学原理 ［经济学概论（伊里著）］	65
浮田和民	近代政治史（史学）	70
牧野菊之助	民法要论	60
井上忻怡	刑法要论（法学）	55
吉田巳之助（讲师）	政治评论	40
伊藤重治郎	经济评论（原著研究）	87
安井安吉	英文练习	66

数据来源：森正夫．李大钊在早稻田大学[J]．韩一德，刘多田，译．齐鲁学刊，1987（1）：74–75+46.

[1] 周棉．留学生与中国的社会发展[M]．徐州：中国矿业大学出版社，1997：156.

[2] 森正夫．李大钊[M]// 钟家栋，王世根．20世纪：马克思主义在中国．上海：上海人民出版社，1998：54.

[3] 骆为龙．李大钊同志在日本留学的日子[N]．北京日报，1982–06–28.

可以说，李大钊留日期间虽然亲身感受到了日本民主社会主义运动的勃兴，从而受到吉野作造和大山郁夫民主主义思想的影响，但是，他开始接触社会主义经济思想显然是受到了安部矶雄的影响。据李大钊 1918 年的回忆说："在东京，我同安部矶雄接触中受到他的影响，而从大山郁夫那里没有受到那样一种程度的影响。"[1] 当时的他不仅热衷于阅读"日本马克思主义学者介绍马克思主义的经济学和欧洲社会主义思潮的著作"，而且对日本早期社会主义经济思想的传播者河上肇、幸德秋水、片山潜等人的著作进行了深入研究。正是在日本早期社会主义思想家的影响下，李大钊的社会主义经济思想经历了从量变到质变的飞跃，为后期经济思想的升华奠定了坚实基础。

1. 社会主义经济思想的形成与转变

李大钊的社会主义经济思想形成之前，就曾受过严复翻译出版的《天演论》（现译为《进化论与伦理学》）的影响，是进化论忠实的信奉者之一。为此，他深信通过生存竞争、物竞天择、优胜劣败等方式的影响，能够促使个人意识改变社会发展的境况。基于这一思想，李大钊形成了富民强国的思想认知。1913 年 4 月，他在《大哀篇》中指出："富强之本不外振农、通商、惠工。农以生之，工以成之，商以通之。"[2] 希冀于通过"振农、通商、惠工"的经济主张，实现富国强民的政治意图。但是，他的这一思想仍然带有资产阶级改良主义色彩，在当时中国的发展现状中是无法实现的。

辛亥革命失败后，中国的社会矛盾进一步加深。由于受到日本社会主义运动的影响，李大钊东渡日本求学，为他社会主义经济思想的转变提供

[1] 森正夫．李大钊 [M]// 钟家栋，王世根．20 世纪：马克思主义在中国．上海：上海人民出版社，1998：55.

[2] 李大钊．李大钊文集：上 [M]. 北京：人民出版社，1984：6.

了契机。据查，1913—1916年间，李大钊广泛涉猎了日本的经济学教程，并与当时日本的先进思想家建立了联系，学习到了新的理论知识[1]。对此，李大钊回国不到一年，便针对当时帝国主义者的反动行径，发表《战争与人口问题》一文，强烈抨击帝国主义者运用马尔萨斯人口论和社会达尔文主义作为其战争理论的根据，指出："余曩居日本，时闻彼邦政界山斗奋勖其国人者，辄提二义以相警惕。彼谓地球之面积有限，人口之增庶无穷，吾人欲图生存，非依武力以为对外之发展不可。盖优胜劣败，弱肉强食，天演之义，万无可逃者也。此其所据，全根于马查士之人口论与达尔文之天演论。"[2]他还进一步指出，"马查士之人口论与达尔文之天演论"实为粉饰战争的材料，而战争的根本原因在于"贪与惰之根性未除"，并非人口与饥饿所致。从此处，能清晰看出李大钊对社会达尔文主义的批判，虽然还未触及思想精髓，但是已经接触到了社会问题的本质，认识上的这一进步必然引起经济思想的转变。1917年4月29日，李大钊在《政治之离心力与向心力》一文中，提到社会主义的新概念，即"对于专制主义，而有民主主义；对于资本主义，而有社会主义"[3]，并试图通过社会主义概念解释社会主义对战争问题的态度。这一点集中体现在他发表的《欧洲各国社会党之平和运动》一文中，并指出社会主义者鲜明的反战态度。从上述文章中可以看出，李大钊对进化论的信仰已经产生了动摇，其对帝国主义本质的认识进一步加深，这就为社会主义经济思想的最终形成创造了条件。

2. 社会主义经济思想的进一步发展

1917年11月，俄国十月革命的胜利，使得中国具有初步共产主义思

[1] 上文有所涉及，此处不再赘述。

[2] 李大钊．李大钊文集：上[M]. 北京：人民出版社，1984：365.

[3] 李大钊．李大钊文集：上[M]. 北京：人民出版社，1984：485.

想的知识分子看到了希望的曙光。李大钊社会主义经济思想的最终形成，正是在十月革命的光辉指引下完成的。1918年10月，他连续发表《庶民的胜利》《Bolshevism的胜利》两篇文章，揭示出十月革命的社会主义性质，宣告自己由民主主义向共产主义、由进化论向阶级论的转变。在1919年1月发表的《新纪元》中，他从新的高度深刻系统地批判社会达尔文主义，首次从经济角度展开对马尔萨斯人口论的深刻批判。在他看来，当时"种种不公平背人道的事情，都起于这个学说"，并认为如果大家都清楚"生产制度如能改良，国家界线如能打破，人类都得一个机会同去作工，那些种种的悲情、穷困、疾疫、争夺，自然都可以消灭"[1]。这表明了他的社会主义经济思想已经发生了质的飞跃。

当然，五四运动后李大钊的社会主义经济思想体系才得以建立，他不仅充分肯定了马克思主义经济学在经济思想史上的重要地位，而且他还把马克思的社会主义经济学视为更加科学的理论范式。这也标志着他社会主义经济思想的最终形成。

二、陈独秀：以"资本主义"推动社会主义经济发展

作为新文化运动的主力干将、《新青年》的创始人，陈独秀社会主义经济思想的形成并不是一蹴而就的。据记载，他于1901—1914年间，先后五次赴日留学或避难，1901年入东京弘文学院师范科学习日语，1902年入东京成城学校陆军科，1906—1907年又分别进入东京正则英语学校和早稻田大学。多次的留日经历，使得陈独秀在潜移默化中接受了当时盛行于日本的社会主义思想。正如日本学者石川祯浩在《中国共产党成立史》一书中提到的，从中国与日本以及世界的"思想连锁"的角度来理解中国

[1] 李大钊．李大钊文集：上[M]．北京：人民出版社，1984：607.

接受马克思主义思想的历史过程[1]。这一观点与国内学者金安平提出的“有一些在日本留学的中国青年，已在日本接触到了社会主义和马克思主义，有的甚至已开始朝共产主义知识分子方向转变”[2]的观点不谋而合。可以说，陈独秀正是通过留学日本的经历，不断丰富和发展社会主义经济思想的，这正是石川祯浩“思想连锁”观点的具体体现。

1904 年，陈独秀撰写了《说国家》一文。他在文中写道：

在家里读书的时候，天天只知道吃饭睡觉。就是发奋有为，也不过是念念文章，想骗几层功名，光耀门楣罢了。那知道国家是什么东西，和我有什么关系呢？到了甲午年，才听见人说有个什么日本国，把我们中国打败了。到了庚子年，又有什么英国、俄国、法国、德国、意国、美国、奥国、日本八国的联合军，把中国打败了……我越思越想，悲从中来。我们中国何以不如外国，要被外国欺负，此中必有缘故。[3]

并认为国家应当包含土地、人民、主权三个基本要素，缺一不可。可见，青年时代的陈独秀十分关注国家大事，并以寻求救国真理为己任，立志推翻清王朝的封建统治，反对帝国主义侵略。但是在经济变革方面，他仍然推崇资产阶级改良主义。

这是因为，一方面，在陈独秀看来，中国被打败的原因在于土地、利权、主权的丧失，三者中又以利权的丧失为重。“中国自从道光二十二年，开五口通商以来，至今六十三年，洋货进口，一年多似一年……我们中国人，虽有在外国做生意的，但是两下比较起来，历年总是外国进口货多，

[1] 权赫秀．“南陈北李”的留学日本经历及其影响 [J]. 社会科学战线，2012（4）：107-115.
[2] 金安平．近代留日学生与中国早期共产主义运动 [J]. 近代史研究，1990（2）：134-155.
[3] 陈独秀．陈独秀文章选编：上 [M]. 北京：生活·读书·新知三联书店，1984：39.

中国出口货少。”[1]据当时洋关总税务司调查，光绪二十二年（1896）至二十四年（1898），中国出口货物不断贬值，每年都要失去数千万两白银。由此可见，中国出现贫穷的主要原因之一就是这种贸易逆差带来的直接后果。要想改变现状，就必须兴修铁路、开办矿业、大开工厂，仿造各种西洋货，大力发展民族工业，用民族工业的振兴抵制帝国主义对我国的资本输出和商品输出。

另一方面，在发展民族工业的过程中，中国对国家经济的转移和支配仍然存在诸多问题，并且仍然无法避免“功利货殖，自古为羞；养子孝亲，为毕生之义务：此道德之害于经济者也。债权无效，游惰无惩：此法律之害于经济者也。官吏苛求，上下无信；姬妾仆从，漫无限制：此政治之害于经济者也”的境况，更无法避免社会经济“陷于不克自存之悲境也”[2]。为此，陈独秀撰写《敬告青年》一文，呼吁举国上下不应被封建专制主义所累，必须要实现民族工业振兴。此外，他特意将资本主义与封建专制主义进行了对比，提出“孰为新鲜活泼而适于今世之争存，孰为陈腐朽败而不容留置于脑里”的六条标准,并指出改造旧中国,就必须从社会制度出发,以立宪共和制代替封建君主专制制度、以人权思想代替封建主义的纲常教义，只有成为“科学领土内之膏腴待辟者”，才能“正自广阔”[3]。

当然，陈独秀也看到了资本主义造成的资本与劳力之争，指出要去掉资本主义的不平等与压制，就必须深入分析中国社会现状，运用社会革命的手段进行压制，同时确保经济上的独立生产。唯有如此，才能促使经济快速发展。由上可知，陈独秀早期的经济思想是朝着积极进步的

[1] 陈独秀 . 陈独秀文章选编：上 [M]. 北京：生活·读书·新知三联书店，1984：48.
[2] 陈独秀 . 陈独秀文章选编：上 [M]. 北京：生活·读书·新知三联书店，1984：88.
[3] 陈独秀 . 陈独秀文章选编：上 [M]. 北京：生活·读书·新知三联书店，1984：78.

方向发展的，具有较强的实用性与可塑性，从而形成与李大钊社会主义经济思想的“双峰对峙”。

三、李达：以经济学说回答“近代中国向何处去”

李达社会主义经济思想的形成与其留日经历息息相关。从其思想形成的历程上看，他经历了从“国家兴亡，匹夫有责”的爱国主义思想到“教育救国”“实业救国”的转变，而此次转变主要缘于辛亥革命的失败所带来的思想冲击，其“实业救国”的思想正是在此过程中萌发的。1913 年，李达考取公费留学生，就读于东京第一高等师范，专攻理学。他首次接触经济学说是在 1918 年再次赴日留学之后。二次留日是李达在教育救国和实业救国的思想破灭后开启的，这一阶段也是他早期社会主义经济思想形成的起点。留日期间，他师从日本经济学家河上肇，主攻经济学理论，先后研读了《共产党宣言》、《资本论》第 1 卷、《〈政治经济学批判〉序言》等著作和介绍马克思主义的书籍。由于河上肇十分重视唯物史观在马克思经济学研究中的重要作用，因此他把唯物史观视为马克思主义经济学理论的基石。在他看来，“马克思《资本论》全体都有唯物史观底血管在里面流通”[1]。从李达社会主义经济思想的演变来看，他深受河上肇运用唯物史观进行经济学研究思想的影响，并试图以唯物史观解决近代中国的问题，这一点在其《中国产业革命概观》以及翻译的《马克思经济学说》中便能得到良好的印证。李达在北平讲学时曾明确表示“河上肇是我的老师，我的经济学是从他那里学来的”[2]，足以见得河上肇对李达社会主义经济思想的深刻影响。

[1] 河上肇 . 见于《资本论》的唯物史观 [N]. 建设，1920-08-01.

[2] 江明 . 展读遗篇泪满襟——记李达和吕振羽的交往 [M]// 宋镜明 . 李达 . 石家庄：河北人民出版社，1997：147.

1919年，李达回国后即在报刊上发表了《什么叫社会主义》《社会主义的目的》等文章，对社会主义的基本内容做了初步介绍，并对社会主义、共产主义、无政府主义的异同点进行了区分，最后论证了资本主义最终被社会主义代替的历史必然性等问题。他指出“社会主义确是要改掉十九世纪的文明弊病，是一帖对症的良药”[1]，从根本上看“社会主义有两面最鲜明的旗帜，一面是救济经济上的不平均，一面是恢复人类真正平等的状态”[2]。此外，他还根据马克思主义原理，结合中国当时的实际，分析了中国半殖民地半封建社会的性质和中国革命的性质，从根本上阐明了只有社会主义才能发展中国社会生产力的问题。

诚然，作为具有初步共产主义思想的知识分子，李达在五四前充分吸收了日本经济学家的经济思想，并将其进行了一定的转化，使其与中国现实问题相适应，这也为其在五四后期进一步研究中国问题，用经济学说解决中国实际需要奠定了坚实基础。

四、李汉俊：“经济的条件是历史的进化底根本动力”

李汉俊于1902—1918年间留学日本，1918年毕业于东京帝国大学。在东京帝国大学期间，李汉俊与日本马克思主义经济学家河上肇、堺利彦、高津正道和宫崎滔天保持密切联系，不仅阅读了河上肇的《贫乏物语》《社会问题研究》，还对幸德秋水的《社会主义神髓》、远藤无水翻译的《通俗

[1] 江明．展读遗篇泪满襟——记李达和吕振羽的交往[M]// 宋镜明．李达．石家庄：河北人民出版社，1997：65.

[2] 林代昭，潘国华．马克思主义在中国——从影响的传入到传播：下[M]．北京：清华大学出版社，1983：66.

马克思资本论》[1] 产生了极大的兴趣。正是因为丰富的留日经历，使他初步接受了马克思主义经济学说。1918 年底回国后，就向当时的进步青年介绍了《黎明》《改造》《新潮》等刊物，通过从事翻译和写作工作，深入浅出地介绍马克思主义经济学说。比如，他在上海的《星期评论》以及《民国日报》副刊《觉悟》这两份报纸上，翻译和撰写的《世界思潮之方向》《研究马克思学说的必要及我们现在入手的方法》《怎样进化？》《劳动者运动之指导伦理》《改造要全部改造》《强盗阶级底成立》等文章，都在不同程度上涉及了马克思主义经济学说。由此可以看出，五四运动前他对马克思主义经济学说的基本认知仅是通过日本学者的著述建立起来的，其社会主义经济思想上的突出成就，集中体现在他 1919—1922 年间发表的 100 多篇著述中，这也在一定程度上推动了马克思主义经济学说在中国的传播。

具有初步共产主义思想的知识分子对社会主义经济思想的选择与传播和资产阶级、无政府主义者有所不同，他们接受了日本思想家的学说与观点，并且在此过程中深化了对马克思主义经济学说的认识，更好地与中国国情相结合。从经济思想发展史的角度来看，他们选择与传播的内容在一定程度上推动了马克思主义经济学中国化的历史进程，而具有初步共产主义思想的知识分子则成为社会主义经济思想传播史上的重要群体。

总之，从上文分析中可以看出，中国早期先进分子对社会主义经济思想的选择与传播存在一定的共性：一是中国早期先进分子都有相似的留日经历，并且在不同程度上受到了日本早期思想家的影响。二是中国早期先

[1] 原作为德国人马尔西所著的介绍马克思《资本论》的通俗读物《经济漫谈》，李汉俊后将其更名为《马格斯资本论入门》。这本书将“马格斯经济学说底骨子即商品、价格、剩余价值，以及资本和劳动的关系，用很通俗的方法说明出来了，说得这样平易又说得这样得要领。在西洋书籍中也要以这本书为第一”。

进分子在选择与传播过程中，都抱有清晰的政治意图，其根本目的在于改变中国传统社会的基本样态。三是中国早期先进分子大都通过转译、介绍、出版相关著作的方式，阐述其社会主义经济思想，并用以解决社会问题。综合来看，早期的社会主义经济思想是由资产阶级改良派、资产阶级革命派、无政府主义者和具有初步共产主义思想的知识分子介绍和传播的，这些介绍大都是零星的、粗略的，其中有些传播和介绍对马克思主义的经济学说产生了误读。但是应当看到，正是因为中国早期先进知识分子群体对社会主义经济思想的选择与传播，才使得五四运动后马克思主义经济学说得到了广泛传播，同时也为科学社会主义的传播创造了条件。

第四章

日本渠道社会主义经济思想在中国早期传播的影响与启示

中国早期的社会主义经济思想是外源性而非内生性的，它是在广泛汲取日本渠道的社会主义经济思想过程中逐步发展起来的。值得肯定的是，源自日本的社会主义经济思想，实现了与中华优秀传统文化的结合，而且在一定程度上推动了马克思经济学术语的传播，为五四运动后中国的经济思想注入了源源不断的动力。但是，在汲取日本社会主义经济思想养分的同时，中国早期知识分子也受到了其所带来的消极影响，造成借鉴和吸收的经济思想出现偏差，甚至误读。从总体上看，日本渠道的社会主义经济思想成为了 19 世纪末 20 世纪初中国知识分子思想转变和提升的关键环节，同时也对近代中国的发展起到了重要作用。

第一节 日本渠道社会主义经济思想在中国早期传播的积极影响

一、实现了社会主义经济思想与中华优秀传统文化的结合

19世纪末20世纪初，社会主义经济思想经由译介进入中国文化语境。由于日本的社会主义经济思想与中华优秀传统文化在某种程度上相契合，因此，译介者和接受者在传播过程中不可避免地把这两种异质文化结合起来，并通过中国传统文化思想、中文语句去阐释或附会社会主义经济思想的核心要义。可以说，正是这样一个接受、传播和阐释的过程，才在学理上实现了社会主义经济思想与中华优秀传统文化的结合。

在社会主义经济思想早期传播的过程中，不仅要进行语言转化，更重要的是把经过日化了的经济思想以"中国话"的形式表现出来。作为传播社会主义经济思想的主体，早期留日学生虽然经受了日本社会主义经济思想的洗礼，但是其受到中华优秀传统文化的熏陶则会直接影响选择传播的内容与方式。在此过程中，他们进行了思想转化，使其选择传播的社会主义经济思想具有"中国化"色彩。比如，梁启超东渡日本留学期间，就多次提到马克思为"社会主义之泰斗"，并在传播社会主义经济思想时试图从中国传统文化中为其找到思想依据。他认为社会主义经济思想与儒家思想相结合的例证，就是其提出的"孔子讲的'均无贫，和无寡'，孟子讲的'恒产恒心'，就是这主义最精要的论据"[1]的基本观点。再如，孙中山民生主义思想的提出，就包含了中华优秀传统文化的思想精髓，为了说明社会主义经济思想对人类社会发展所起到的重要作用，他以回溯历史文化

[1] 梁启超．梁启超选集：上[M]．上海：上海人民出版社，1984：729.

的方式寻找思想根源，并指出“经济学，本滥觞于我国。管子者，经济家也，兴盐鱼之利，治齐而致富强，特当时无‘经济学’之名词，且无条理，故未能成为科学”[1]。可以看出，孙中山虽然接受了西方的先进思想文化，但是其思想深处依然蕴含浓厚的传统文化所带来的优越感。而此时期异质文化的结合是一种普遍的文化心理现象，而非个别存在。

可以说，中国早期的留日学生在接受、传播和阐释社会主义经济思想过程中，充分考虑到了国人的心理需要和国内环境的需要。他们以传统的文化心理为基点，通过语言转换的形式，把中国的传统价值理念蕴含到文本当中，加以阐释社会主义经济思想的具体内容。这样一种转换过程，既不是单纯传达和表述语义，也不是被动地输入，而是在以传统文化为基础的前提下对社会主义经济思想的能动阐释。作为社会主义经济思想在中国生根发芽的前提和基础性环节，早期知识分子通过语言转换的方式输入了社会主义的经济学理论，并以“中国话”的方式传播给人民大众，从而实现了社会主义经济思想与中国传统文化的结合，也促进了主要术语的大众化趋势。

二、丰富了中国近代经济思想的重要内容

社会主义经济思想的传入，丰富了中国近代经济思想的主要内容。众所周知，1919 年五四运动前，社会主义经济思想的传入还不成熟，也不曾被作为专门的对象予以研究。但是，在社会主义经济思想逐渐成熟的过程中，包含了一系列的过渡环节和不间断的思想沟通，早期传播为后期的进一步发展积累了丰富的思想资源。因此，把社会主义经济思想传入近代中国的历史作为专门考察对象并纳入到近代经济思想的内容范畴，不仅有利于追溯马克思主义经济学说进入中国的早期起源，而且也能够建立早期起

[1] 孙中山．孙中山全集：第 2 卷 [M]. 北京：中华书局，2011：510.

源与接续发展之间的起承转合与脉络线索，从而不断丰富中国近代经济思想的主要内容。

比如，社会主义经济思想经由日本渠道传入中国之时，只是零星点滴的内容，散见于各类著述中，既没有自身的理论体系，又没有从各类思潮中剥离出来。随着传播的逐步积累与持续推进，社会主义经济思想的内容日趋完善，从早期的单纯译介到摘译再到比较完整地翻译马克思、恩格斯的经典著作，并将其转化吸收，与中国当时的社会需要相联系；其评介主体，也从偶然提及各类人士的主动介绍，再到集中引进与传播；等等。这一过程为此后社会主义经济思想作为一个完整的理论体系进行传播，奠定了良好的基础。又如，19 世纪末 20 世纪初期，传入中国的社会主义经济思想只停留于表面，国人并未深入开展对社会主义经济思想的研究。当时考虑的问题是，面对西方列强的入侵，中国数千年来形成的传统经济思想，是继续维持其支配地位，还是加以改造，抑或是被外来思想所取代。事实证明，中国传统经济思想在与多元思想潮流的碰撞中与马克思主义经济学说融合起来，共同构成了中国近代经济思想的重要内容。

中国近代经济思想的形成是一个连贯的历史过程，可以从不同侧面进行考察。只有把社会主义经济思想置于中国近代经济思想发展完整的历史背景下，才能促使中国近代的经济思想体系完整地呈现出来。

三、推动了马克思主义经济学主要术语的传播

五四运动前，国人对社会主义的了解，包括对社会主义经济思想的基本认识，几乎全部来自日本渠道，或是英文原著的日文翻译本，或是日本学者撰写的社会主义著述。而中国出现介绍社会主义经济思想的著述大约

也出现于20世纪初期。对此，郭沫若曾证实过马克思的经济学说传入中国之初几乎完全来源于日本这一途径：

还是一个很有趣的现象，即中国民众是从通过日语书籍介绍马克思和恩格斯的中国记者那里听说了马克思和恩格斯。这些书被译成了汉语，于是人们知道了马克思和恩格斯的存在。如果查阅一下文献资料，同样可以得出这一饶有兴趣的结论，即最先介绍马克思主义的是日本知识分子。我本人就是在读 Kawakami Hajime[1] 的书时了解了一点关于马克思的东西。[2]

从传播主体的角度来看，中国先进知识分子最早在日本接触到了社会主义经济思想，并把它当作救亡图存的手段加以使用。在此过程中，国人是主动接受而非被动灌输，他们积极引进了日本的社会主义经济思想，并将其与中国国情相结合，进行适当转化，极大地促进了社会主义经济思想的传入与发展。从传播内容的性质上看，中国早期先进知识分子有针对性地选择了经济思想，以求尽快摆脱列强欺凌的局面，实现国富民强。从传播方式的特点上看，中国早期的先进分子大都习惯于通过寻找汉语对等词的方式译介日语术语，社会主义经济思想之所以能够快速进入国人视线，正是源于早期知识分子对日语词的吸收借鉴。比如，梁启超在使用“economy”一词时在不同时期进行的转换，朱执信在《共产党宣言》中对“bourgeoisie”“slave”等相关词语的译介等。可以说，当时传入中国的社会主义书籍多半是从日语转译过来的，日语词汇的使用亦是如此。

[1] Kawakami Hajime（1879—1946 年）是具有马克思主义思想的民族经济学家。他在东京帝国大学任教至 1928 年。

[2] 摘自郭沫若 1955 年任中国科学代表团团长时在东京早稻田大学所作的关于“中日文化交流”的演讲。详见李博．汉语中的马克思主义术语的起源与作用：从词汇—概念角度看日本和中国对马克思主义的接受 [M]. 赵倩，王草，葛平竹，等译．北京：中国社会科学出版社，2003：79-80.

表 4-1　部分马克思主义经济学专业术语翻译

英文版本	日文版本	今译版本
socialism	社会主義	人道主义、民生主义、社会主义
communism	共產主義	共产主义、均产之说
capitalism	資本主義	资本主义
productionsweise	生產方法	生产方式
relations of production	生產関係	生产关系
proletarier	労働者、平民	劳动者

除上述词汇外，还有对革命、资本、资本家、帝国主义、封建制度、封建主义、阶级、阶级斗争、政治经济学、私有财产、农民、地主、人民等词汇的翻译与引介。可以说，翻译不仅是语言层面上的转换，而且兼具阐释功能，它能够在译者直译或意译的基础上实现词语转化，并使之符合受众群体的认知。正是因为中国早期先进知识分子对社会主义经济思想的选择性传播，才使得马克思主义经济学的主要术语能够较早地进入中国，加速马克思主义经济学术语的中国化历程。

第二节　日本渠道社会主义经济思想在中国早期传播的消极影响

日本渠道的社会主义经济思想不仅实现了社会主义经济思想与中国传统文化的结合，而且还丰富了中国近代经济思想的重要内容，推动了马克思主义经济学主要术语的传播。与此同时，我们也应当看到，这一历史书写过程对中国产生了一定的消极影响，这主要体现在中国先进知识分子对社会主义经济思想的理解接受和对社会主义经济思想原意的翻译引介上。

一、导致中国先进知识分子理解接受的社会主义经济思想比较分散

中国先进知识分子对社会主义经济思想的选择与传播，无论是发表的译文还是撰写的著作，都以日本思想家发表的文章或译著为蓝本。在1903—1906年相继出版的介绍社会主义经济思想的著述，都是日本社会主义者在对西方经济学著述进行节译的基础上完成的。美国学者伯纳尔指出，《近世社会主义》《社会党》和《社会主义》三部著作中对社会主义的介绍，不是以欧洲的社会主义著作为蓝本进行整体介绍，而是进行片段式摘译，尤其是以美国社会主义思潮为依据。这就对中国早期知识分子介绍的社会主义经济思想比较零散的现象作出了解释。

此外，日本社会主义者的基督教背景也不容忽视。比如村井知至、安部矶雄、西川光次郎等人，都有过较为丰富的留美经历。由于受到基督教社会主义者伊利、布利斯等人的影响，日本社会主义者着眼于社会主义研究，并以解决社会问题为出发点，吸收了部分社会主义思想。在这一时期内，布利斯的《社会主义手册》、伊利的《现代法国和德国的社会主义》等书，不仅影响了日本的社会主义者，而且还在潜移默化中影响了当时中国留日学生对社会主义经济思想的选择与传播。与基督教社会主义者的传播不同，幸德秋水接受了马克思对资本主义分析的观点，也赞同马克思进行的解释。他在《社会主义神髓》一书中“对马克思主义关于无产阶级的作用的理论作了一些修正”[1]，并参考了《共产党宣言》、《资本论》第1卷、《社会主义从空想到科学的发展》等马克思主义经典著作。但是，他同时也参考

[1] 伯纳尔．一九〇七年以前中国的社会主义思潮 [M]. 丘权政，符致兴，译．福州：福建人民出版社，1985：75.

了柯卡普的《社会主义史》、伊利的《社会主义与社会改革》、布利斯的《社会主义手册》和《社会主义百科全书》以及摩里斯、巴克斯的《社会主义的发展和结果》等非马克思主义著作[1]。特别是《社会主义神髓》第四章“社会主义的主张”中全面引用伊利的学说，并提出社会主义的四个基本原则：第一，“物质生产资料即土地和资本归公有”；第二，“生产的公营”；第三，“实行收入的社会分配”；第四，“社会收入的大部分归个人私有”[2]。足以见得，幸德秋水对社会主义经济思想的认识中夹杂着美国基督教社会主义者的思想，这直接影响到当时中国留日学生对社会主义的理解。

正是因为日本社会主义者对西方社会主义经济思想尚未形成系统认识，才在一定程度上导致中国早期先进知识分子接受与吸收的是零散的、不完整的社会主义经济思想。然而，囿于早期传播主体的认知及传播方式的单一化，这在早期传播过程中不可避免。

二、造成中国先进知识分子翻译引介的经济思想原意“失真”

马克思主义经济学中国化的一个基本前提就是把英语、德语、俄语、日语等经济学文本翻译成汉语文本，实现马克思主义经济学话语的中国化。实现马克思主义经济学中国化的第一个步骤就是通过译介，把呈现为英语、德语、俄语、日语等其他文字语言形态的经济学说转化成以中文为主体语言形态的经济学话语。可以说，“中国人对马克思主义理论的认识必然先通过译介产生，译介话语是中国化马克思主义话语的初始形态”[3]。当然，翻译不仅是为了实现语言层面上的转换，而且兼具阐释功能，即把不同文本的

[1] 幸德秋水．社会主义神髓 [M]. 马采，译．北京：商务印书馆，1963：3-4.

[2] 幸德秋水．社会主义神髓 [M]. 马采，译．北京：商务印书馆，1963：22-27.

[3] 陈红娟．译介、争竞与创新：马克思主义中国化话语表达史研究 [J]. 社会主义研究，2015（1）：43-50.

内容转化为国人熟知的内容并保持其原状。翻译是在任何一种特定社会情境下产生的，它会在不同需求中体现为“谁在说”“以什么方式说”“对谁说”等。由于译者的身份、社会环境和受众不同，他们在译介过程中就会在对词句的把控上进行调整，从而折射出他们对原文理解和解释的不同。

早期东渡留学的先进知识分子在翻译引介社会主义经济思想中正呈现出了此种状态。一是他们所吸收借鉴的社会主义经济思想是经过日本早期思想家转化的，他们在日本传统语言文字的基础上对西方经济思想的本质进行了解释，带有浓厚的日本语言色彩；二是中国知识分子较多地接受了源自“二传手”的经济思想，较少触及经典文本，并在此基础上进行了第三次转译，因此，无法避免原意“失真”的情况。以不同文本《共产党宣言》中的部分术语为例：

表 4–2　《共产党宣言》序言部分译词比较

英文原本	日文原本	朱执信译文	今译文
class struggles	階級鬪争	阶级争斗	阶级斗争
exploiting and exploited	掠奪階級と被掠奪階級	取者与被取者	剥削阶级和被剥削阶级
ruling and oppressed classes	壓制階級と被壓制階級	治者与被治者	统治阶级和被压迫阶级
the proletariat; the bourgeoisie	平民； 紳士閥	下级社会； 中级社会	无产阶级； 资产阶级
exploitation, oppression	掠奪，壓制	掠夺，压制	剥削，压迫
class distinctions and class struggles	階級差別と階級鬪争	阶级之争	阶级划分和阶级斗争

数据来源：方红．马克思主义在中国的早期翻译与传播 [M]. 上海：生活·读书·新知三联书店，2016：97.

表 4–2 中不同翻译文本之间的对比，反映出相关内容的较大差异。从朱执信的留学经历来看，笔者判断，朱执信译文的来源应为日译本，但是他在转译的过程中根据自己的阶级立场和观点进行了修改、补充、调和，使之能够符合中文的语境。

总而言之，“翻译作为一种双向的话语交际过程，在很大程度上影响到国人对马克思主义的理解和接受”[1]。作为社会主义经济思想传播中的翻译主体，译者成为了目的语文化体系的代言人，他们的翻译内容与方式决定了经由日本转化的社会主义经济思想最终以何种姿态被国人接受和认可。但从实际发展情况来看，中国早期的先进知识分子更多地接受和吸收了带有日本色彩的经济思想，从而偏离了文本原意的价值旨趣，由此造成引进中国的经济思想出现“失真”现象。

第三节　日本渠道社会主义经济思想在中国早期传播的现实启示

社会主义经济思想在1919年前传入中国，主要表现为量变的积累过程，它不同于1919年后出现质变的过程。日本渠道的社会主义经济思想为中国经济思想的发展添加了浓墨重彩的一笔，不仅促成中国早期先进知识分子的思想转变，而且也推动了经济思想的发展与进步。通过梳理与考察，著者认为，日本渠道社会主义经济思想在中国早期传播的现实启示主要表现在两个方面。

一、加快社会主义经济思想理论体系的形成

在社会主义经济思想早期传入中国的过程中，中国先进知识分子尚未把它当作完整的理论体系予以研究。他们认识并引进社会主义经济思想，有两个重要因素：一是他们在日本留学过程中受到了日本社会主义经济思想的影响，对舶来的经济学说产生了浓厚兴趣，并希冀将其作为解决中国

[1] 张立波. 汉译“马克思”：历史、技术和政治 [J]. 马克思主义研究，2010（3）：60–66+160.

现实问题的武器；二是他们对被称作西方社会主义的“泰斗”“鼻祖”“大师”的马克思形成了一定的认识，通过日本学者的口述与译著，初步接触了马克思的经济学说。但是，此时中国先进知识分子对马克思经济学说的认识仅停留在表面，对其思想观点是只知其一，未知其二，更不了解其理论体系及论证过程。

从引进的资料看，中国早期先进知识分子对社会主义经济思想的介绍，只局限于“马克思、恩格斯讲求安民、养民，主于资本，联合贫民制约富人，或提倡‘均富’学说，主张生产资料‘共有’、‘国家公有’、废除土地私有之类的笼统观点”[1]，仅是将其作为一种“新学”加以学习。在日本留学期间，留学生群体接触到了幸德秋水的《社会主义神髓》、福井准造的《近世社会主义》等一系列介绍社会主义经济思想的著作，并对其进行了选择性翻译。在《社会主义神髓》一书中，欲通过《资本论》说明剩余价值的掠夺性质，并通过节译《共产党宣言》的方式，意在把握马克思经济学说的核心要义；《近世社会主义》一书，则通过对马克思、恩格斯多部著作的列举，介绍了其基本理论，如参照《资本论》第 1 卷的顺序简要叙述马克思的经济学理论，包括有关资本和剩余价值理论的某些论证环节等。这两个文本无疑是当时舶来资料中最早把马克思经济学说当作理论体系加以评介的著述，但是它经过了日本学者的加工整理，与马克思经济学说的原意产生了较大出入，不仅在翻译中存在不少缺陷，而且较为零散，片段式内容较多，不足以成为体系化的研究根据。其他著述亦存在此类问题。

从中国早期先进知识分子撰写的资料上看，他们对马克思经济学说的介绍起步较晚。朱执信曾发文介绍了劳动价值论和剩余价值论，并把马克

[1] 谈敏．回溯历史——马克思主义经济学在中国的传播前史：下 [M]. 上海：上海财经大学出版社，2008：1265.

思学说视为“科学的社会主义”；刘师培也粗略介绍了马克思的经济学说，但其介绍的根源仍在于捍卫无政府主义者的根本立场；具有初步共产主义思想的知识分子虽然也对马克思的经济学说进行了吸收借鉴，但其思想体系多为五四运动后才逐渐形成，前期的思想仍呈现出碎片化状态。

可以说，无论从引进的资料来看，还是从早期先进知识分子撰写的资料上看，国人选择与传播的社会主义经济思想处于初步的引介与消化阶段，并未参透马克思经济学说的思想本质。早期引介与传播的事实亦证明，要想实现马克思主义经济学中国化，就必须把握社会主义经济思想的内在特性，形成完整、系统的理论体系，唯有如此，才能深刻体认到经济思想的本质，从而为经济学说的传播奠定坚实基础。

二、推动社会主义经济思想的独立传播

社会主义经济思想早期传入中国的过程中，总是借助其他的传播媒介，未曾进行独立传播。这种传播媒介即指源自西方的、经由日本学者转译的社会主义和经济学著述。19 世纪末 20 世纪初，日本虽是社会主义经济思想传播的主渠道，但是经由幸德秋水、片山潜、河上肇等人选译或摘译的经济学说的内容尚且不足。在对早期资料进行收集整理的过程中，一是尚未发现日本学者出版真正以研究马克思经济学说为专题的独立著述，以至于中国早期先进知识分子进行二次介绍时，也只进行了片段式引介。比如，1906 年朱执信的《德意志社会革命家列传》一文，只是在拉萨尔和马克思并列的基础上进行立论，并未深究经济学说的内涵本质；宋教仁的《万国社会党大会略史》也只简单介绍了第一国际解散后，建立第二国际并召开前六次代表大会的情况，把马克思派的部分经济理论涵盖到第二国际的活动中进行介绍。至于马克思、恩格斯的原

著，日本学者都以节译的方式进行了介绍，导致中国早期的先进知识分子仅从中获取了部分经济思想。此外，在中国早期的无政府主义者创办的《天义报》中，曾刊登了《社会主义经济论》（1908年）一文，这篇文章介绍了马克思的经济学说特别是唯物史观的部分。但是，该文的主要目的不是宣传马克思的经济学说，而是为宣扬无政府主义找到深层次的理论依据。二是有关于评介马克思经济学说的内容，首先集中于社会主义著述领域，其次见诸经济学著述领域。所谓社会主义著述，即从标题上看，涉及诸如社会、党派等名目，以社会主义为根本行动指南的论著。比如《近世政治史》《社会主义》《近世社会主义》《社会主义神髓》等，都是以社会主义为专题介绍马克思学说的著述。为便于考察，著者尝试性地将19世纪末20世纪初的时间段限划分为四个阶段，发现在第一阶段（1896—1904年），以社会主义为专题的著述，占相关著述的一半，且全部源于日本学者的节译或转译；第二阶段（1905—1907年），以资产阶级与无政府主义者的节译为主，不再单纯局限于对马克思学说的评价；第三阶段（1908—1911年），《共产党宣言》节译本、《社会主义经济论》节译本相继出版，主体虽为专题式社会主义著述，但却出现了《经济学》译本，对马克思经济学说进行了评介；第四阶段（1912—1916年），《理财学沿革小史》、《经济政策要论》译本、《傅克思氏经济学》译本等，尤以《国民经济学原论》在评介马克思经济学说方面，可媲美或在某种程度上超过《经济学》译本[1]。不论怎样进行比较，早期在传播社会主义经济思想过程中，经济学的论著都明显逊色于社会主义著述。这也反映出社会主义经济思想在早期传入中国的过程中，始终未从社会主义著述

[1] 谈敏．回溯历史——马克思主义经济学在中国的传播前史：下[M]．上海：上海财经大学出版社，2008：1263-1264.

中分离出来，从而实现独立传播。

如果说，社会主义经济思想的最初传入，不得不假借西方而来的、经由日本学者转译的社会主义和经济学著述，那么在这一现状制约下，经济思想的真正意涵则难以体现出来。因此，必须把握社会主义经济思想的传播源头，不再单纯依赖日本学者转译的著述，或是对这一思想学说的片面译介，只有从这一传播媒介的外壳中解放出来，才能实现经济思想的独立传播，实现由量变到质变的蜕变。

结 语

19 世纪末 20 世纪初，日本渠道社会主义经济思想在中国的早期传播，一方面受到了思想文化、社会主义思潮兴起等文化条件的影响，另一方面又与清政府、日本朝野人士和青年学子等主体条件息息相关。

日本思想家的经济思想是在广泛吸收西方国家先进思想的基础上形成的，与日本实际发展情况较为贴合。不同流派日本早期思想家的着眼点也有所不同。比如：官僚派社会主义者的经济思想带有鲜明的日本特色，旨在突出社会主义经济思想的本质；“儒派”社会主义者则比较擅长运用中国古代的儒家学说分析经济现象；基督教社会主义者的经济思想带有明显的空想性质。但是，值得注意的是，日本早期思想家多以转译和评论的方式介绍西方的社会主义经济思想，既深入剖析了资本主义弊端，又蕴含了比较明显的社会民主主义性质。这些思想共同构成了日本渠道社会主义经济思想的主要内容。

由于受到该时期日本不同派别社会主义者经济思想的浸润与影响，中国早期先进分子先后展开了对日本渠道的社会主义经济思想的选择与传播：资产阶级革命派以“预防资本主义弊端”为重点介绍和传播社会主义经济思想；无政府主义者提出了带有无政府主义色彩的经济思想。应该说，这些派别与团体的选择与传播，不仅丰富了日本渠道的社会主义经济思想在中国早期传播的具体内容，而且也为具有初步共产主义思想的知识分子的选择与传播提供了现实参照。

从整体上看，日本早期思想家的社会主义经济思想和中国早期知识分子选择与传播的内容，是双向互动的关系，存在一定的关联及内在耦合性。本书正是遵循这样的研究理路，对传播群体和传播个体选择与传播的社会主义经济思想进行纵向梳理和横向比较，进而探寻日本渠道社会主义经济思想在中国早期传播的深远影响。概括而言，其积极影响主要表现在：实现了社会主义经济思想与中国传统文化的结合；丰富了中国近代经济思想的重要内容；推动了马克思主义经济学主要术语的传播。而消极影响表现为两个方面：导致中国先进知识分子理解接受的社会主义经济思想比较分散；造成中国先进知识分子翻译引介的经济思想原意“失真”。

日本渠道的社会主义经济思想对中国早期知识分子经济思想的形成起到了关键作用。中国早期先进分子正是因为受到了日本社会主义经济思想的冲击，才在潜移默化中选择性传播了日本渠道的社会主义经济思想。不得不说，19 世纪末 20 世纪初是日本渠道的社会主义经济思想进入中国的重要时间节点，厘清其发展历程与主要内容对于准确理解社会主义经济思想至关重要。同时也发现，诸如日本渠道的社会主义经济思想是否具有同质性，日本渠道的社会主义经济思想对五四运动后马克思主义经济学在中国的发展有何影响等问题可以在今后展开深入研究。

参考文献

一、著作

[1] 中共中央马克思恩格斯列宁斯大林著作编译局 . 马克思恩格斯文集 [M]. 北京 ：人民出版社，2009.

[2] 中共中央马克思恩格斯列宁斯大林著作编译局 . 列宁专题文集 ：论马克思主义 [M]. 北京 ：人民出版社，2009.

[3] 中央档案馆 . 中共中央文件选集 ：第 11 册 [M]. 北京 ：中共中央党校出版社，1991.

[4] 中共中央文献研究室，中央档案馆 . 建党以来重要文献选编 : 第一册 [M]. 北京 ：中央文献出版社，2011.

[5] 中共中央文献研究室 . 毛泽东文集 ：第 1 卷 [M]. 北京 ：人民出版社，1993.

[6] 李大钊 . 李大钊文集 [M]. 北京 ：人民出版社，1984.

[7] 李大钊 . 李大钊全集 [M]. 北京 ：人民出版社，2006.

[8] 中国李大钊研究会 . 李大钊研究论文集 [M]. 北京 ：人民出版社，1999.

[9] 孙中山 . 孙中山文集 [M]. 北京 ：团结出版社，1997.

[10] 孙中山 . 孙中山选集 [M]. 北京 ：人民出版社，1981.

[11] 孙中山 . 孙中山全集 [M]. 北京 ：中华书局，1981.

[12] 陈独秀 . 陈独秀著作选编 [M]. 上海 ：上海人民出版社，2009.

[13] 陈独秀 . 陈独秀文集 [M]. 北京 ：人民出版社，2013.

[14] 朱执信 . 朱执信集 [M]. 北京 ：中华书局，2012.

[15] 李达 . 李达文集 [M]. 北京 ：人民出版社，1980.

[16] 宋教仁 . 宋教仁集 [M]. 北京 ：中华书局，1981.

[17] 广东省社会科学院历史研究所 . 廖仲恺集 [M]. 3 版 . 北京 ：中华书局，2011.

[18] 梁启超 . 梁启超文集 [M]. 北京 ：北京燕山出版社，2009.

[19] 梁启超 . 梁启超文选 [M]. 北京 ：中国广播电视出版社，1992.

[20] 梁启超 . 梁启超选集 [M]. 上海 ：上海人民出版社，1984.

[21] 康有为 . 康有为全集 [M]. 上海 ：上海古籍出版社，1987.

[22] 康有为 . 康有为政论集 [M]. 北京 ：中华书局，1981.

[23] 万仕国 . 刘师培年谱 [M]. 扬州 ：广陵书社，2003.

[24] 葛懋春 . 无政府主义思想资料选 ：下 [M]. 北京 ：北京大学出版社，1984.

[25] 夏炎德 . 中国近百年经济思想 [M]. 北京 ：商务印书馆，1948.

[26] 鲁友章，李宗正 . 经济学说史 [M]. 北京 ：人民出版社，1979.

[27] 赵靖，易梦虹 . 中国近代经济思想史 [M]. 北京 ：中华书局，1980.

[28] 林代昭，潘国华 . 马克思主义在中国——从影响的传入到传播 [M]. 北京：清华大学出版社，1983.

[29] 赵靖 . 中国近代经济思想史讲话 [M]. 北京 ：人民出版社，1983.

[30] 胡寄窗 . 中国近代经济思想史大纲 [M]. 北京 ：中国社会科学出版社，1984.

[31] 吕万和 . 简明日本近代史 [M]. 天津 ：天津人民出版社，1984.

[32] 高军，胡庆云，李显堂，等 . 无政府主义在中国 [M]. 长沙：湖南人民出版社，1984.

[33] 陈汉楚 . 社会主义在中国的传播和实践 [M]. 北京：中国青年出版社，1984.

[34] 姜义华 . 社会主义学说在中国的初期传播 [M]. 上海：复旦大学出版社，1984.

[35] 林茂生 . 马克思主义在中国的传播 [M]. 北京：书目文献出版社，1984.

[36] 侯厚吉，吴其敬 . 中国近代经济思想史稿：第三册 [M]. 哈尔滨：黑龙江人民出版社，1984.

[37] 杨树升 . 李大钊研究论文集（上册）[M]. 郑州：河南人民出版社，1984.

[38] 社会主义思想在中国的传播编写组 . 社会主义思想在中国的传播：上 [M]. 北京：中共中央党校科研办公室，1985.

[39] 李威周 . 日共创始人——片山潜 [M]. 北京：商务印书馆，1985.

[40] 高军，王桧林，杨树标 . 五四运动前马克思主义在中国的介绍与传播 [M]. 长沙：湖南人民出版社，1986.

[41] 庄福龄 . 中国马克思主义哲学传播史 [M]. 北京：中国人民大学出版社，1988.

[42] 李泽厚 . 马克思主义在中国 [M]. 北京：生活・读书・新知三联书店，1988.

[43] 李竞能 . 西方资产阶级经济学在旧中国的流传 [M]// 中国大百科全书出版社编辑部 . 中国大百科全书（经济学）：第 3 卷 . 北京：中国大百科全书出版社，1988.

[44] 方崇桂，尹伯成 . 经济学说史教程 [M]. 上海：复旦大学出版社，1989.

[45] 王朝柱 . 李大钊 [M]. 北京：中国青年出版社，1989.

[46] 金凤 . 李大钊 [M]. 北京 ：新华出版社，1990.
[47] 林克光 . 革新派巨人康有为 [M]. 北京 ：中国人民大学出版社，1990.
[48] 张瑛 . 朱执信评传 [M]. 郑州 ：河南教育出版社，1990.
[49] 李其驹，王炯华，张耀先 . 马克思主义哲学在中国 [M]. 上海 ：上海人民出版社，1991.
[50] 任武雄 . 中国共产党创建史研究文集 [M]. 上海 ：百家出版社，1991.
[51] 皮明庥 . 近代中国社会主义思潮觅踪 [M]. 长春 ：吉林文史出版社，1991.
[52] 曾乐山 . 马克思主义哲学的中国化及其历程 [M]. 上海 ：华东师范大学出版社，1991.
[53] 商德文 . 马克思主义经济思想史 [M]. 北京 ：北京大学出版社，1992.
[54] 赖钦显 . 马克思主义在中国一百年 [M]. 北京 ：中共党史出版社，1993.
[55] 陶季邑 . 论早期国民党人的社会主义思想 [M]. 长沙 ：湖南师范大学出版社，1993.
[56] 马伯煌 . 中国近代经济思想史 [M]. 上海 ：上海社会科学出版社，1993.
[57] 张家骧 . 马克思主义经济学说在中国的传播、运用与发展 [M]. 郑州 ：河南人民出版社，1993.
[58] 高放 . 社会主义在世界和中国 [M]. 昆明 ：云南人民出版社，1993.
[59] 周子东，傅绍昌，杨雪芳，等 . 马克思主义在上海的传播（1898—1949）[M]. 上海 ：上海社会科学院出版社，1994.
[60] 张静如 . 张静如自选集 [M]. 大连 ：大连出版社，1994.
[61] 张问敏 . 中国政治经济学史大纲（1899—1992）[M]. 北京 ：中共中央党校出版社，1994.
[62] 程伟礼，张生泉，吴小龙 . 先知的足迹——中国早期马克思主义者的

心路历程 [M]. 郑州：河南人民出版社，1996.
[63] 田子渝 . 李汉俊 [M]. 石家庄：河北人民出版社，1997.
[64] 刘思贤 . 社会主义经济思想史纲 [M]. 大连：东北财经大学出版社，1998.
[65] 吴雁南，冯祖贻，苏中立，等 . 中国近代社会思潮 [M]. 长沙：湖南教育出版社，1998.
[66] 钟家栋，王世根 . 20 世纪：马克思主义在中国 [M]. 上海：上海人民出版社，1998.
[67] 唐宝林 . 马克思主义在中国 100 年 [M]. 合肥：安徽人民出版社，1998.
[68] 叶世昌 . 近代中国经济思想史 [M]. 上海：上海人民出版社，1998.
[69] 肖枫 . 社会主义向何处去 [M]. 北京：当代世界出版社，1999.
[70] 李泽厚 . 中国思想史论 [M]. 合肥：安徽文艺出版社，1999.
[71] 彭明，程歗 . 近代中国的思想历程（1840 — 1949）[M]. 北京：中国人民大学出版社，1999.
[72] 王亚南 . 中国经济原论 [M]. 广州：广东经济出版社，2000.
[73] 许纪霖 . 二十世纪中国思想史论 [M]. 上海：东方出版中心，2000.
[74] 彭继红 . 传播与选择 —— 马克思主义中国化的历程（1899 — 1921 年）[M]. 长沙：湖南师范大学出版社，2001.
[75] 郭德宏 . 中国马克思主义发展史 [M]. 北京：中共中央党校出版社，2001.
[76] 李稼蓬，庄祖武，裴晓鹏 . 中国社会主义经济思想史研究 [M]. 合肥：安徽人民出版社，2001.
[77] 徐素华 . 马克思主义哲学在中国：传播、应用、形态、前景 [M]. 北京：北京出版社，2002.
[78] 马健行 .20 世纪社会主义经济思想史 [M]. 北京：中共中央党校出版社，

2003.
[79] 王玉平 . 马克思主义哲学在中国的理论嬗变 [M]. 北京：中国社会科学出版社，2005.
[80] 杨河，胡海涛，张炳奎 . 马克思主义哲学的传入与研究 [M]. 福州：福建人民出版社，2006.
[81] 赵晓雷 . 中国经济思想史 [M]. 大连：东北财经大学出版社，2007.
[82] 李泽厚 . 中国现代思想史论 [M]. 北京：生活·读书·新知三联书店，2008.
[83] 谈敏 . 回溯历史——马克思主义经济学在中国的传播前史 [M]. 上海：上海财经大学出版社，2008.
[84] 朱志敏 . 李大钊传 [M]. 北京：红旗出版社，2009.
[85] 朱俊瑞 . 社会主义经济思想在中国的早期传播 [M]. 杭州：浙江大学出版社，2010.
[86] 张陟遥 . 播火者的使命——幸德秋水的社会主义思想及其对中国的影响 [M]. 北京：社会科学文献出版社，2013.
[87] 王刚 . 马克思主义中国化的起源语境研究 [M]. 北京：人民出版社，2011.
[88] 程恩富 . 中外马克思主义经济思想简史 [M]. 上海：东方出版中心，2011.
[89] 田子渝，蔡丽，徐方平，等 . 马克思主义在中国初期传播史（1918—1922）[M]. 北京：学习出版社，2012.
[90] 马克思主义经济学说史编写组 . 马克思主义经济学说史 [M]. 北京：人民出版社，2012.
[91] 宋镜明,吴向伟 . 党的重要历史人物与早期马克思主义中国化 [M]. 北京：

中国社会科学出版社，2012.
[92] 唐宝林 . 陈独秀全传 [M]. 北京 ：社会科学文献出版社，2013.
[93] 王刚 . 马克思主义中国化的初始形态研究 [M]. 北京 ：人民出版社，2015.
[94] 钟祥财 . 中国经济思想史 [M]. 上海 ：上海社会科学院出版社，2016.
[95] 村井知至 . 社会主义 [M]. 罗大维，译 . 上海 ：广智书局，1902.
[96] 幸德秋水 . 广长舌 [M]. 中国国民丛书社，译 . 北京 ：商务印书馆，1902.
[97] 福井准造 . 近世社会主义 [M]. 赵必振，译 . 上海 ：广智书局，1903.
[98] 片山潜 . 日本的工人运动 [M]. 王雨，译 . 北京 ：生活 · 读书 · 新知三联书店，1959.
[99] 史扶邻 . 孙中山与中国革命的起源 [M]. 丘权政，符致兴，译 . 北京 ：中国社会科学出版社，1981.
[100] 实藤惠秀 . 中国人留学日本史 [M]. 谭汝谦，林启彦，译 . 北京:生活·读书 · 新知三联书店，1983.
[101] 格尔德·哈达赫,迪特尔·卡拉斯,本·法因 . 社会主义经济思想简史 [M]. 李宗正，李树，译 . 北京 ：人民出版社，1983.
[102] 伯纳尔 . 一九〇七年以前中国的社会主义思潮 [M]. 丘权政，符致兴，译 . 福州 ：福建人民出版社，1985.
[103] 幸德秋水 . 社会主义神髓 [M]. 马采，译 . 北京 ：商务印书馆，1963.
[104] G.D.H. 柯尔 . 社会主义思想史 [M]. 何瑞丰，译 . 北京 ：商务印书馆，1986.
[105] 莫里斯 · 迈斯纳 . 李大钊与中国马克思主义的起源 [M]. 中共北京市委党史研究室编译组，译 . 北京 ：中共党史资料出版社，1989.
[106] 费正清 . 剑桥中华民国史 [M]. 杨品泉，张言，孙开远，等译 . 北京 ：

中国社会科学出版社，1998.
[107] 泰萨·莫里斯 – 铃木 . 日本经济思想史 [M]. 厉江，译 . 北京：商务印书馆，2000.
[108] M.C. 霍华德，J.E. 金 . 马克思主义经济学史：1929 — 1990[M]. 顾海良，常庆欣，刘和旺，等译 . 北京：中央编译出版社，2003.

二、期刊

[1] 陈独秀 . 我的马克思主义观 [J]. 新青年，1919，6（5–6）.
[2] 陈独秀 . 关于社会主义的讨论 [J]. 新青年，1920，8（4）.
[3] 陈独秀 . 社会主义批评 [J]. 新青年，1921，9（3）.
[4] 李达 . 马克思还原 [J]. 新青年，1921，8（5）.
[5] 朱绍文 . 河上肇博士的经济思想与科学精神——纪念河上肇博士诞生一百周年 [J]. 经济研究，1979（10）：67–72.
[6] 王劲 . 二十世纪初中国的社会主义思潮 [J]. 兰州大学学报，1983（1）：23–35.
[7] 萧超然 . 十九世纪末二十世纪初马克思主义在中国的传播 [J]. 北京大学学报（哲学社会科学版），1983（1）：15–25.
[8] 张剑锋 . 略论李大钊的社会主义经济思想 [J]. 安徽大学学报（哲学社会科学版），1984（4）：25–29.
[9] 赵春旸 . 河上肇—— 日本杰出的早期马克思主义经济学家、哲学家 [J]. 东方哲学研究，1985（7）.
[10] 赵春旸 . 河上肇的思想发展及其对传播马克思主义的贡献 [J]. 吉林大学社会科学学报，1986（2）：58–63+13.

[11] 贾纯 . 河上肇哲学思想的发展历程 [J]. 日本问题，1986（5）：47–53.

[12] 赵乃章 . 论河上肇的哲学思想的发展与成就 [J]. 辽宁大学学报（哲学社会科学版），1986（3）：24–29.

[13] 王毅武 . 五四运动与中国社会主义经济思想 [J]. 青海社会科学，1989（3）：9–13.

[14] 左玉河 . 简述马克思主义传入中国的渠道 [J]. 毛泽东思想研究，1991（1）：134–135.

[15] 李宗耀 . 试述马克思主义在东方的传播 [J]. 东疆学刊，1992（3）：1–6.

[16] 冉启明，曾祥渝 . 五四时期马克思主义在中国传播的必然性 [J]. 贵州师范大学学报（社会科学版），1993（2）：33–35+49.

[17] 陶季邑 . 五四时期国民党理论家与马克思主义在中国的传播 [J]. 湖南师范大学社会科学学报，1993（1）：84–89.

[18] 赵晓雷 . 西方经济学对现代中国经济学发展的影响 [J]. 经济学家，1997（4）：9–18.

[19] 杨奎松 . 社会主义思想在中国的早期传播 [J]. 党史研究与教学，1994（1）：80.

[20] 陶季邑 . 早期国民党人传播社会主义学说的历史地位 [J]. 社会科学研究，1995（1）：90–96.

[21] 赵行大 . 马克思主义在日本的传播及其特点 [J]. 日本问题研究，1995（2）：65–71.

[22] 陈先达 . 做马克思主义圣火的传播者——兼论社会主义必然代替资本主义判断的两个层次 [J]. 教学与研究，1996（4）：10–15+79.

[23] 李坚，章军 . 日本还是俄国——论马克思主义传入中国的主渠道 [J].

沈阳师范学院学报（社会科学版），1996（2）：47–52.

[24] 王付昌 . 论五四时期马克思主义在中国传播的原因 [J]. 中山大学学报（社会科学版），1996（6）：35–42.

[25] 邵成章 . 马克思主义在中国传播的两个阶段 [J]. 党史研究与教学，1997（1）：19–23.

[26] 陶季邑 . 民主革命派对社会主义学说的传播 [J]. 贵州社会科学，1997（6）：105–109+92.

[27] 李治国 . 对社会主义经济思想的历史考察 [J]. 上海师范大学学报（哲学社会科学版），1997（4）：30–34.

[28] 应祖国 . 社会主义学说在中国早期传播问题辨析 [J]. 福建师范大学学报（哲学社会科学版），1988（2）：77–80+76.

[29] 田子渝 . 李汉俊对传播马克思主义的贡献 [J]. 党史研究与教学，1998（4）：52–56.

[30] 陆祥琛 . 社会主义思想在中国的早期传播 [J]. 党史研究与教学，1998（5）：61–68.

[31] 徐行 . 试论社会主义思潮在华传播的起始 [J]. 南开学报，1999（2）：91–97.

[32] 唐任伍 . “五四”前后经济学在中国的发展 [J]. 北京师范大学学报（社会科学版），1999（2）：80–89.

[33] 田子渝 . 略论马克思主义在中国早期传播的三个问题 [J]. 决策与信息，2016（7）：10–17.

[34] 毛传清 . 马克思主义传入中国的三条渠道之比较 [J]. 武汉交通科技大学学报（社会科学版），2000（4）：55–59.

[35] 田子渝 . 马克思列宁主义在中国早期传播研究综述 [J]. 马克思主义研究，

2001（3）：19–27.

[36] 吴汉全 . 留学生与马克思主义在中国的传播 [J]. 徐州师范大学学报，2001（1）：1–8.

[37] 郑红娥，虞花荣 . 社会主义思潮的传播：从日本到中国 [J]. 湖南师范大学社会科学学报，2001（S2）：23–26.

[38] 周义顺 . 马克思主义适合中国之原因的理性探析 [J]. 毛泽东思想研究，2003（4）：115–118.

[39] 齐卫平 . 五四运动前后马克思主义在中国传播的两个阶段比较研究 [J]. 河南师范大学学报（哲学社会科学版），2003（5）：100–105.

[40] 吴乃华 . 知识分子与马克思主义在中国的早期传播 [J]. 黑龙江省社会主义学院学报，2003（1）：5–7.

[41] 欧阳跃峰 . 社会主义学说在中国的早期传播 [J]. 广州社会主义学院学报，2004（1）：3–7.

[42] 包心鉴 . 马克思主义中国化的历史经验与基本规律 [J]. 山东社会科学，2004（7）：9–17.

[43] 贾国雄 . 论社会主义经济思想的发展与演变 [J]. 财经科学，2004（S1）：181–182.

[44] 李军林 . 从“五 W”模式看马克思主义在中国早期传播的特点 [J]. 湖南师范大学社会科学学报，2007（1）：132–138.

[45] 田志飞 . 浅析马克思主义在中国传播的历史必然性 [J]. 山西师大学报（社会科学版），2008，35（S1）：1–3.

[46] 吴艳东，李强 . 马克思主义在中国的早期传播与大众化 [J]. 湖北大学学报（哲学社会科学版），2008（5）：20–24.

[47] 李百玲 . 马克思主义在中国的早期翻译及传播 [J]. 江苏行政学院学报，

2008（5）：11–16.

[48] 王刚 . 论中国早期知识精英对马克思主义的选择性传播 [J]. 中共党史研究，2009（8）：58–67+114.

[49] 王刚 . 日本语境下“学理的马克思主义”——兼论对马克思主义中国化的影响 [J]. 日本研究，2009（1）：66–69.

[50] 罗会德 . 对五四时期马克思主义传播条件的再认识 [J]. 大连干部学刊，2009，25（5）：10–12.

[51] 张琳 . 马克思主义在中国早期传播过程中的文本问题 [J]. 毛泽东邓小平理论研究，2009（5）：71–78+86.

[52] 王刚 . 论马克思主义在中国传播及中国化的内外语境 [J]. 思想理论教育，2010（9）：50–56.

[53] 王素莉 .“五四”前后马克思主义在中国传播的若干问题探讨——也评石川祯浩《中国共产党成立史》的有关论述 [J]. 中共党史研究，2010（5）.

[54] 王文峰 . 论“五四”先进知识分子在马克思主义传播中的功能 [J]. 改革与开放，2010（8）：30–31.

[55] 许门友 . 19 世纪末 20 世纪初：马克思主义在中国的介绍、传播及其特点 [J]. 西北大学学报（哲学社会科学版），2010，40（5）：20–24.

[56] 陈明吾 . 资产阶级革命派对马克思主义在中国早期传播的历史作用 [J]. 湖北社会科学，2010（8）：8–10.

[57] 谭晓军 . 研究日本马克思主义经济学的意义 [J]. 马克思主义研究，2011（6）：83–88.

[58] 门晓红 . 日本早期社会主义思潮对中国共产党的影响 [J]. 马克思主义研